大学の国際化と日本人学生の国際志向性

Internationalization of Japanese Universities and the International Mindset of Japanese Students

横田 雅弘 【編】
小林　明

学文社

執筆者一覧

横田 雅弘（明治大学国際日本学部教授）序章，第6章，第7章
小林 明（明治大学国際日本学部特任教授）第4章
芦沢 真五（東洋大学教授）第1章
太田 浩（一橋大学教授）第3章，第5章
坪井 健（駒沢大学教授）第2章
塚田 亜弥子（東京大学大学院）第5章
竹田 理貴（明治大学大学院）第7章，第8章
河野 有紀（桜美林大学大学院）第7章

目　次

序　章　外国人留学生の受入れと日本人学生の国際志向性
〜本書の問題意識とその背景〜　　　1

第1部　日・米・韓の大学国際化政策と学生の意識

第1章　日本の学生国際交流政策
〜戦略的留学生リクルートとグローバル人材育成〜　　　13
　　第1節　留学交流の世界的トレンドと留学生受入れモデル………13
　　第2節　日本の留学生受入れ政策の歴史的特質……………………16
　　第3節　大学の国際化とグローバル人材育成………………………19
　　第4節　国際的な人材流動化と政策課題………………………………28
　　第5節　大学の取り組み課題……………………………………………31

第2章　日本の大学と大学生文化　　　39
　　第1節　多様化する日本の大学生………………………………………39
　　第2節　日本の学生文化の類型化………………………………………44
　　第3節　学生文化の4類型による日本の特徴と変化…………………49
　　第4節　国際比較から見た日本の学生文化……………………………52
　　第5節　特徴的な日本の学生文化………………………………………55
　　おわりに－自信のない日本の学生とグローバル化のすすめ…………61

第3章　日本人学生の内向き志向再考　　　67
　　第1節　グローバル人材とは？…………………………………………67
　　第2節　日本人の海外留学者の推移……………………………………68
　　第3節　少子化と国内高等教育機会の拡大……………………………71

i

目　次

　　　第 4 節　大学在学中の海外留学・研修に対する阻害要因…………72
　　　第 5 節　学位取得を目指す海外留学に対する阻害要因…………… 75
　　　第 6 節　大学在学中の留学と学位取得を目指す留学に共通な
　　　　　　　阻害要因………………………………………………………80
　　　第 7 節　内向き化と二極化……………………………………………86

第 4 章　米国の学生国際交流政策 ─────────────── 95
　　　第 1 節　米国の留学生政策と留学生受入れ…………………………95
　　　第 2 節　米国人学生の海外留学のゆくえ………………………… 106

第 5 章　韓国の学生国際交流政策 ────────────── 121
　　　第 1 節　韓国の高等教育の概要…………………………………… 121
　　　第 2 節　韓国の外国人留学生の現状……………………………… 122
　　　第 3 章　韓国の留学生政策の経緯………………………………… 123
　　　第 4 節　留学生受入れの拡大と管理強化………………………… 130
　　　第 5 節　まとめと日本への示唆…………………………………… 140

第 2 部　「日本人学生の国際志向性と外国人留学生　　　　　　　　受入れ観」調査

第 6 章　調査の概要 ────────────────────── 153

第 7 章　日本人学生の国際志向性 ────────────── 157
　　　第 1 節　内向き志向は本当か……………………………………… 157
　　　第 2 節　女性は男性より国際的か………………………………… 164
　　　第 3 節　大学は学生を国際化させているか（学年進行と国際性）… 169
　　　第 4 節　海外経験は国際志向性を醸成するか…………………… 174

第8章　日本人学生は外国人留学生の受入れをどう捉えているか ── 179
第1節　外国人留学生への関心と受入れ観…………………………… 179
第2節　留学生との友人関係は国際志向性を高めるか…………… 182
第3節　留学生受入れ意識の構造（因子分析からの考察）……… 188
第4節　留学生の受入れに積極的な人・消極的な人……………… 194

あとがき ──────────────────────────── 197
Appendix　調査票「留学生受入れに関する大学生アンケート」──── 201
索　引 ──────────────────────────── 205

序章 外国人留学生の受入れと日本人学生の国際志向性
~本書の問題意識とその背景~

　本書の企画は，外国人留学生の受入れが日本人学生にどのように受け取られているのかを調べたいという私のゼミナール[1]で取り組んだ調査を出発点としている。同じ学生仲間として迎える外国人留学生の受入れについて，大学の構成員である日本人学生の意見を聞くということがこれまで全くなされてこなかったからである。しかしながら，3.11の大震災以降，大学は留学生の受入れよりも日本人学生の送出しに国際化の重点をシフトし，また企業も，グローバル人材といえば外国人というそれまでの見方から，留学などを経験した日本人学生も含めて考えるようになり，政府も日本人学生の海外留学を積極的に推進する支援策を打ち出してきた。この変化は，留学生受入れについての関心の低下ともいえるが，後に述べるように，マジョリティである日本人学生の国際化を通して，大学がようやく本体の改革に乗り出したことも意味する。これは非常に重要な変化である。そこで，本書は「大学の国際化と日本人学生の国際志向性」に焦点を当てて，その中で留学生との関係や受入れについての意識も取り上げることとした。

　本書の第1部では，日本，米国，韓国の学生国際交流の政策について最新のデータに基づいて動向を分析し，近年日本人学生の海外留学者数（特に米国）が激減していることからしばしば言及されるようになった日本人学生の内向き志向や大学生気質について検討している。
　第2部では，日本人学生を対象に実施された大規模質問紙調査の結果を，比較参考のために実施された韓国の調査結果にもふれながら分析し，日本人学生

序　章　外国人留学生の受入れと日本人学生の国際志向性

の国際志向性と外国人留学生の受入れ観を検証している。これらの分析を通して，日本人学生の海外留学への関心について把握するとともに，外国人留学生を受け入れることが日本の大学にとってどのような意味をもつのかについてもあらためて考えるきっかけになれば幸いである。

　序章では，これらの論考の背景として，日本の留学生受入れ10万人計画から現在に至る日本の学生国際交流の理念と展開について編者の問題意識を短く論じる。

1　留学生受入れの歴史的考察～10万人計画とその理念～

　1983年から始まった「留学生10万人計画」は，アジアの経済大国になった日本が，その責任のひとつとして，主にアジアからの留学生を受け入れる役割があるということを痛感してスタートさせたものである。江淵一公（1997）が詳細に分析したように，それは援助のひとつの形として実施されたものであり，日本の政治，経済，外交上の戦略的な政策，すなわち日本にも益するところのある互恵的な政策として位置づけられていたわけではない。その結果，当時の日本政府や日本の大学あるいは社会の留学生に対する認識は，一言でいえば「お客様」であり，より踏み込んでいえば日本から「援助を受ける者」であった。特に，日本政府が招聘する「国費外国人留学生」がODA予算の中から計上されてきたことは，その性格を如実に示している。もっとも，国費外国人留学生制度は，現在は多少減額されているとはいえ，当時は破格の待遇を提供する奨学金であったから，各国のエリートを招き入れることになり，結果的にはアジアで活躍する親・知日家（日本通）のリーダーを生み出してきたことは『国費外国人留学生制度の成果・効果に関する調査研究』（谷口ほか，2011）に記されている。しかし，この政策が援助の理念で実施されてきたために，その実績をしっかりとアピールして外交や経済に資する人的ネットワークを構築し，それを維持発展させることを怠ってきたのもまた事実である。

　このような援助のスタンスで実施された留学生の受入れはどのような形になったかといえば，それは「出島」での受入れである。特に国の方針が直結す

る国立大学においては，留学生だけが住む留学生会館，留学生課での集中的な事務，留学生の生活指導や日本語教育を担う留学生センター，留学生のための特別プログラムやカリキュラム，留学生のための特別入試や奨学金など，日本人学生を対象としたいわば大学本体の外に留学生のための（物理的・制度的）「出島」をつくって，本体への影響を最小限にして受け入れてきた。筆者は，このような形での受入れは，当時の状況に即していうならば現実的な選択であったと理解している。筆者自身，長年留学生会館の主事を務め，留学生センターに所属してこれらの実務も担当してきたが，青天の霹靂のように突如現れた「留学生10万人計画」（当時の留学生数は約1万人）に従って，毎年20％もの急激な増加に大学本体を改革して対応しようとすれば，内部からの反対や制度改革のための審議にあまりにも多くの時間と労力が割かれ，柔軟な対応など全く不可能になっていたことは想像に難くない。それでは，いったい何が問題だったのか。それは，この「出島」の理念と政策が，本来あるべき理念と政策を実現するための一時的な対策として考えられたものではなく，あるべき理念なしに現実の状況に従ってなし崩し的に処置されたものであり，その後もずっと続いてきてしまったことにある。あるべき理念，すなわち，当初の実状に対応しつつも，将来の日本と大学のあるべき姿を構想し，留学生の受入れを刺激として，大学本体の国際化と経済的・外交的側面での日本の人材獲得・育成戦略につなげていく理念が欠如していた。援助のスタンスから互恵的かつ戦略的なスタンスにシフトしていかねばならないという問題意識が不十分で，そのためその後の世界の劇的変化（高等教育の市場化）にも無頓着であった。これが，留学生受入れの先進諸国のみならず，アジア諸国の留学生政策と比べても動きが鈍く，戦略性に乏しいといわれてきた日本の留学生受入れと送出しの現状につながっている。

2　国際化を先導する大学の出現〜最初の変化〜

　その後，およそ20年の歳月を経て，いくつかの有力な私立大学に劇的な変化が現れた。ようやく大学本体を国際化することに本格的に着手する大学が出現

序　章　外国人留学生の受入れと日本人学生の国際志向性

したのである。特に，2000年に大分県と別府市等地域の支援を受けて誕生した立命館アジア太平洋大学（以下 APU：Ritsumeikan Asia Pacific University）は，「自由・平和・ヒューマニズム」，「国際相互理解」，「アジア太平洋の未来創造」を基本理念として，学生の半数を留学生とし，すべての授業を英語と日本語で開講するという画期的な政策を打ち出した。すなわち，この大学は地元地域と全世界の両方に開かれていることを基本に開学しているが，この点は非常に重要である。なぜなら，開かれた大学とは何かについて，根本的な議論がなされているからである。2代目学長のモンテ・カセム（Monte CASSIM）氏は，スリランカ出身の日本の元国費留学生であるが，NPO法人JAFSA国際教育交流協議会の2004年度研修プログラムの基調講演において，大学国際化の実現で最も大切なのは教職協働，すなわち，教員と職員とが目標を共有し，対等に議論しながら協働して業務を遂行することであると述べた。留学生がマイノリティでない国際的なキャンパスを成功させるには，教職協働という日本の大学ではほとんど語られてこなかった発想が不可欠であることを見抜いていたのである。筆者は，留学生をはじめとする多様な学生を受入れるには，教職協働が欠かせないと考えており，学部の縦割りや教員と職員の仕事の固定化と両者の断絶が日本の大学に深く根ざしていることが，大学本体の改革にとって最もやっかいな課題であると考えていた。それでカセム学長自らこのような強い意志を表明されたことに感銘を受けたのを今でもはっきりと覚えている。教職協働もまた，大学内部のことではあるが，開かれた大学のひとつの姿なのである。

　本書の第2部となる日本人学生調査の報告では，このAPUの学生も調査対象として取り出して比較しており，興味深い結果を得ている。ご参照いただきたい。

3　留学生の受入れから日本人学生の送出しへ〜大学本体の変化の始まり〜

　APUの開学から十数年，いくつかの先駆的な大学の模様眺めをしていた大多数の大学にとって，3.11の大地震と原発事故は，大学本体の変化を促す大きなきっかけとなった。外国人留学生の数という点だけみれば，実際には，すで

にその数年前から日本語学校への入学申請数は減少傾向にあったので，減少の原因は震災と原発事故だけではない。しかし，震災と原発が重要な意味をもったのは，それによって大学が今後の留学生受入れは難しくなると判断し，今は外国人留学生の受入れよりも日本人学生の送出しに力を入れるべきであると力点の置き所を変えたことにある。折も折，中国，韓国との領土問題が発生してこれも日本留学のハードルとなり，この力点のシフトが一層明確になった。

　震災，原発，領土問題という外的要因は，大学に潜在していた「留学生受入れは面倒だ」という陰の消極論にお墨付き（理由）を与えることになった。それ以後，大学は急速に国際化の方向を日本人学生の送出しや英語力強化に求めていくことになる。

　「留学生10万人計画」や「グローバル30」といった文部科学省の政策で，たしかに日本の大学の国際化への基盤整備は行われてきた。しかし，そのような支援なしでは留学生は依然として受け入れれば受け入れるほど赤字になる学生であり，学業にも生活にも特別の支援が必要で，手のかかる面倒な学生だという認識が強く，その認識を超えていく創造的な発想や工夫，受け入れることによる肯定的な側面に関する説得力のある評価は残念ながらほとんどなく，またそれらの浸透もなされていなかったのである。国際化を進めるという大義名分を変えずに，外国人留学生の受入れはほどほどにしておくためには，日本人学生の国際化を推進するのが一番であり，大学は急速にそちらに軸足を移した。しかしながらこの展開は，皮肉なことに，これまで外国人というマイノリティに対応して実施してきた国際化施策をマジョリティである日本人学生に向けたことで，大学が大学本体の変革に着手する大きな契機になったともいえる。

　この時期，企業ではグローバル人材という言葉が盛んに使われるようになる。外国人あるいは留学経験のある日本人学生の雇用拡大を謳う大手企業がいくつも現れ，社内言語の英語化を宣言した企業の出現は話題になった。ただし，一部の大手企業を除くと，外国人留学生の採用が急速に拡大しているとはいえない。留学生は就職まで視野に入れて留学を決定する傾向が強いが，2014年3月に就職を予定している留学生の約8割は日本での就職は依然として厳しいと受

け止めている（ディスコ，2013）。一方，海外留学経験のある日本人学生の採用については，2012年度の採用実績13.3％から2013年度は22.8％に増加する見込みであり，従業員1,000人以上の企業では約4割が採用を予定しているという（ディスコ，2012）。こちらは明らかな増加傾向が見られる。

2011年5月，政府は新成長戦略実現会議の決定に基づき，「我が国の成長を支えるグローバル人材の育成とそのような人材が活用される仕組みの構築を目指し，とりわけ日本人の海外留学の拡大を産学の協力を得て推進するため，『グローバル人材育成推進会議』を開催する」（新成長戦略実現会議決定，2012.5.19）と発表した。そして，文部科学省は「若い世代の内向き志向を克服」することを掲げてグローバル人材育成推進事業を発表し，日本人学生の国際化推進に大きな予算を付けた。社会や大学のニーズにマッチするタイミングであったといえよう。折しも，「グローバル30」は2013年度末で終了するのである。

4　国際化を加速する大学と二極化する日本人学生たち

2010年に産業能率大学が実施した「新入社員のグローバル意識調査」によれば，回答者の約半数は「海外で働きたいとは思わない」と答えたが，一方，「どんな国・地域でも働きたい」という回答も過去最高の27％，「国・地域によっては働きたい」も24％に達したという。グローバル人材の採用・人事コンサルタントである小平達也（2010）は，若者の内向き志向が話題になるが，実はおよそ半数は海外志向をもっているのであり，そのような志向が従来のように「正規分布」しなくなったために，学生全体が内向きになったかのように誤解されていると指摘する。すなわち，海外への興味が二極化しており，いわば「ふたこぶラクダ（ツインピークス）」になっているという。大学がマジョリティである日本人学生への対応として，いよいよ大学本体の改革に乗り出し，企業もグローバル人材への期待を高めているが，現状はそれに乗って海外留学や英語力アップに取り組もうとする学生群とそれに乗らない／乗れない学生群に分かれてきつつあるということかもしれない。

5　大学にとって学生とは何か

　アジアにおける大学国際化の展開を見ると，高等教育も国レベルで経営戦略が必要であることをまざまざと実感させられる。その世界的な市場化と教育の商品化，それにともなう質保証と広報が激しい国際競争の中で展開している。しかも，教育という「商品」にかかわるステークホルダーは多様で，なかでも学生は 3 つの顔をもつ非常に興味深い存在である。

　第一に，極端な言い方ではあるが，最もシンプルな図式では，大学は教育という「商品」の生産者・販売者であり，学生はその顧客である。これが学生の第一の顔である。

　教育をひとつの「商品」として捉える捉え方は，1979年に英国のサッチャー首相が始めたフルコスト政策（留学生にかかる経費等の全額を留学生に支払わせる政策）に明瞭に見られる。江淵（1997）が指摘したように，この政策が導入される過程において，英国の大学は高い授業料にもかかわらず入学を希望してもらえるだけの商品価値をもたねばならないとして，大学教育の質やサービスを向上させ，現在では世界100以上の国・地域で200か所近い拠点を配するブリティッシュカウンシル（British Council）が中心となって強力な広報活動を展開している。その後，オーストラリアなどの英連邦諸国は，途上国の学生に教育機会を与えるといった日本に近い援助の理念から，留学生に高い授業料を設定して経済的なメリットを狙う戦略へと大きく転換した。英連邦諸国以外でも，圧倒的な留学生受入れ国である米国の授業料は，経済発展著しい中国やインドなどの急速な留学ニーズの高まりを背景に高騰し，高いところでは年間日本円にして300～400万円近い額に達している。生活費も含めれば，学部卒業までに2,000万円近くかかってしまうという恐ろしい額である。その一方で，ヨーロッパではドイツやオランダをはじめ授業料が無料または極めて安い国（年間20万円程度）も珍しくない。同じ先進国の大学が提供する無料の「商品」と400万円の「商品」が競争するような市場は他に類を見ないであろう。

　ところが，別の見方をすれば，大学は学生を育成する機関である。学生こそ

序　章　外国人留学生の受入れと日本人学生の国際志向性

大学が生産した「商品」であり，社会や企業がこの育成された人材を受け入れる顧客とも考えられる。これが学生の第二の顔である。シンガポールでは，政府が多額の奨学金を提供して世界中から優秀な留学生（金の卵）を呼び寄せ，大学がこれを育成して花開かせて企業に送り出し，彼らが有益な生産活動を行うことで支払った奨学金よりも大きなメリットをシンガポールという国が享受するという図式を想定している。育成された生産物（「商品」）たる学生の質がどれだけよいかが問われるわけである。

最後に学生のもつ第三の顔であるが，これは大学の構成員という顔である。日本の大学は，かつての学生運動の「苦い」経験からか，あるいは単にほとんどが4年間しか在籍しない若者であるからか，学生を大学の構成員であるとは考えていない節がある。しかし筆者は，学生はれっきとした大学の構成員であると考える。学生は愛校心をもち，大学の一員として，ときには大学を代表して大会やその他の行事に参加する。大学院生ともなれば，大学の研究に参加し，実験室を動かしていく。学外から見れば，学生は大学の一員であり，構成員である。

このように，学生は従来の一般的な市場の構成要素という概念では掴みきれない複雑で多面的な役割を担って大学という高等教育の場に登場している。高等教育の市場化といっても，従来の経営理論や経営手法とはまた異なる新たな手法が必要ではなかろうか。大学は，国際化を目指す際にも，この学生の3つの顔をしっかりと認識して大学を経営していく必要がある。日本の大学が国際化の動きの中で学生をあらためて捉えなおし，彼らが何を望み，彼らとともにそれにどう応えるかを検討することを，本書が少しでも後押しできるならば幸いである。

6　本書の構成

本書の第1部では，日本，米国，韓国の学生国際交流政策について，外国人留学生の受入れと自国学生の送出しの双方から検討している。特に，日本人学生の意識については2つの章を割いて詳細に取り上げた。

序　章　外国人留学生の受入れと日本人学生の国際志向性

　第1章では，大学の評価に詳しい東洋大学の芦沢真五が主に留学生の受入れに焦点を当てて大きな観点から日本の学生国際交流政策を論じ，大学の国際化について重要な提言を行っている。

　第2章では，日本人大学生の意識の変化をライフワークのひとつとしてきた駒澤大学の坪井健が，海外の大学生との比較を交えて日本人大学生の文化を論じている。

　第3章も日本人学生の意識に焦点を当て，特に最近しばしば言及される彼らの内向き志向について一橋大学の太田浩が最新のデータと現場の経験を踏まえて分析している。

　第4章では，米国国務省指定のEducationUSA West Tokyoの留学アドバイザー（日本から米国への留学）である明治大学の小林明が圧倒的な留学生受入れ国である米国の動向を解説し，近年の変化について論じている。

　第5章は，比較留学生政策の第一人者である一橋大学の太田浩と東京大学大学院の塚田亜弥子が韓国の学生国際交流政策について最新の情報を踏まえて論じている。

　第2部では，日本人大学生の国際志向に関する大規模調査の結果を報告する。この調査では，第一に彼らの国際志向性がどのようなものかを把握するとともに，日本人学生が留学生の受入れをどのように捉えているかを検証し，合わせて日本人学生と留学生との交流が日本人学生の国際志向性にどのような影響を与えうるかなどについての興味深い知見を報告する。

　第1部と第2部を合わせ，世界の情勢を背景知識として，日本の大学の国際化を学生国際交流の観点から把握して頂ければ幸いである。

注
1）第2部の調査は2010-2011年度明治大学国際日本学部横田雅弘ゼミナールによって実施された。参加学生は五十音順にオウ・イキン（中国人留学生），河野有紀，キム・ハンナ（韓国人留学生），日下理恵子，竹田理貴，松本詠夢，村上至である。

序　章　外国人留学生の受入れと日本人学生の国際志向性

本書における該当する章の執筆は，彼らの了承のもとで，大学院に進学した河野有紀と竹田理貴が担当した。

＜引用・参考文献＞
江淵一公（1997）『大学国際化の研究』玉川大学出版部
小平達也（2010）「第8回　グローバル人材の"優秀さ"とは何か～複雑化した『グローバル』という言葉を読み解く」＠IT 自分戦略研究所ホームページ http://jibun.atmarkit.co.jp/ljibun01/rensai/kaigai/08/02.html（2013年5月1日検索）
産業能率大学（2010）「第4回　新入社員のグローバル意識調査」
「新成長戦略実現会議決定，2012.5.19」首相官邸ホームページ http://www.kantei.go.jp/jp/singi/global/（2013年5月1日検索）
谷口吉弘ほか（2011）『国費外国人留学生制度の成果・効果に関する調査研究』平成22年度文部科学省先導的大学改革推進委託事業（受託先；立命館大学，研究代表者：谷口吉弘）
ディスコ（2012）「留学経験を将来に活かすキャリア支援のあり方を考える」ディスコ提供によるPPT資料
ディスコ（2013）「外国人留学生の就職活動調査」2013年4月発行プレスリリース
モンテ・カセム（Cassim, Monte）（2004）NPO法人JAFSA国際教育交流協議会研修プログラムにおける基調講演

第1部

日・米・韓の大学国際化政策と学生の意識

第1章 日本の学生国際交流政策
～戦略的留学生リクルートとグローバル人材育成～

本稿では、まず、世界の留学交流の実情とトレンドを概観し（第1節）、日本の留学生政策やポジションはどう変わってきているか、という歴史的特質を振り返る（第2節）。そのうえで、大学の国際戦略とグローバル人材育成の課題を論じ（第3節）、今日の日本の高等教育が世界の人材流動化のトレンドに十分に対応できているか、という政策的課題を検証（第4節）したうえ、大学における取り組み課題を抽出していきたい（第5節）。

第1節 留学交流の世界的トレンドと留学生受入れモデル

最新のOECDデータ[1]によると、全世界の留学生総数は430万人（2011年推計）となっており、2000年からの12年間で2倍以上の増加を見せている。最も留学生を受入れている国は米国であり、第1位の座は揺るがない。しかし、全世界の留学生のうち米国で学ぶ留学生の占める割合はこの12年間に23％から17％に低下し、オーストラリア、カナダ、ニュージーランドなど留学生受入れ「新興国」の役割が増大していることが特徴である。各国間での留学生の獲得競争が進行している状況を反映したものと考えられる。

国境を越えて留学生や移民が移動する現象については、プル要因とプッシュ要因に分けて分析することが一般的だが[2]、ここでは、まずプル要因を国レベルの政策視点から見直してみたい。ここでプル要因に着目する理由は、プッシュ要因が個人の経済状況や家庭環境などの予測困難な事情に左右される場合が多いのに対し、プル要因は留学生受け入れのインフラ（奨学金や住宅などの

留学生受け入れ促進策，ビザなどの移民政策ならびに雇用政策を含む）など，政策面で計画的に改善される要素が含まれているからである。

国レベルでの留学生受入れのプル要因に関して，大きく3つのモデルで論じてみたい。先行研究としては，江淵一公が「留学生受入れの政策と理念に関する一考察」（1997）の中でおこなったモデル分析がある。また，江淵モデルに加えて現在の経済主導型の留学概念を加えた類型化を横田雅弘・白土悟（2004）が提案しており，この二つの代表的な理念モデルをもとに，以下のような3つの概念に分類した考察を試みる。なお，こうしたモデルが政府関連の委員会等による政策提言とどのような関連をもっているかについては寺倉憲一（2009）による分析などを参考とした。

1　外交・国際理解・国際協力モデル

第二次世界大戦後の留学生受入れ政策は，平和を希求し，国際理解を促進する取組みの一環として発展した。さまざまな留学生招致活動と並行して，国家規模での外交戦略の一環として，奨学金を使って世界各国のエリートたちを呼び寄せ，自国の親派層を形成しようとするモデルが定着する。OECD主要国の中には，旧植民地に対する経済援助とともに高等教育を受ける機会を提供していく国も存在する。この留学モデルから輩出される人材は学位取得後，原則としては自国に戻って地元の社会に貢献することが期待されている。その代表的な事例は，米国のフルブライト奨学金であり，この奨学金を受給した留学生は，米国内で就労ビザを申請することに制限が設けられており，学位取得後に最低2年間は自国に戻り自国社会に貢献することが求められている。日本の国費留学生の制度は，政策面で一貫性に欠けるという指摘はあるものの（江淵，1997），フルブライトなど他の先進国の奨学金政策にならった外交モデルを目指したものである。

2　顧客モデル・戦略的「留学立国」モデル

留学生の授業料を国内学生よりも高く設定し，留学生に対して，いわば商品

として「高等教育」を販売しているモデルである。英国では，サッチャー政権のもとで1979年から「留学生の教育にかかるコストを留学生自身が負担する」というフルコスト政策に移行しているが，これは「顧客モデル」（江淵，1991）の代表的なものである。2013年のOECD統計では，留学生に対して国内学生よりも高い授業料を徴収しているケースとして，オーストラリア，ニュージーランド，カナダ，アイルランド，英国，米国などの英語圏を中心に16カ国を取り上げている。一方，フランス，ドイツ，イタリア，韓国，日本，メキシコ，スペイン，スイスが，留学生に対し授業料を国内学生と同等に徴収している国とされている[3]。

　オーストラリアのモデルについていえば，国家戦略として「留学立国」を目指してきたことが特徴である。1986年に英国と同様にフルコスト政策を採用したのを皮切りに，IDP Education Australiaを設立して戦略的な広報活動を実施してきたこと，国立大学においては留学生からの授業料収入の約7割を大学に帰属するように制度設計を行うなど，大学側に留学生受入れのインセンティブを与えるなど，国全体で留学生受入れに取組んだ成果が留学生の受入れ拡大に結実している（横田・白土，2004）。こうしたモデルについては，「商業アプローチ」（Commercial Approach）と呼ぶこともある（Larsen and Vincent-Lancrin, 2002）。

3　高度人材獲得モデル

　こうした伝統的モデルに対して，横田は「経済主導型」のモデルが2000年頃から登場した，としている（横田・白土 2004）。米国では，民間企業におけるIT技術者，研究スタッフなどの人材は，インドや中国から移民，あるいは元留学生などによって供給されてきた。Bill GatesなどIT業界のビジネス・リーダーは活発に米政界においてロビー活動を展開し，高度人材のかかわる就労ビザ規制の緩和を働きかけたことは記憶に新しい。これらの新テクノエリートたちが米国にとどまって，高度な知識と技術をもつ専門職として活躍しているのも事実であり，従来型の途上国支援モデルとは異なる，人材供給となって

いる。このように，高度で最新の技術をもつ人材に対する，国家間の人材獲得競争を前提として移民政策が展開され，留学生受入れ政策もこれに同調していくと考えられる。

　これらの3つの留学生招致モデルは必ずしも独立した概念ではなく，共存する概念となりうる。「外交モデル」と「顧客モデル」は，一見すると共存しないように見えるが，途上国の学生がある国の外交モデルにより奨学金を受けて学位を取得したのちに，さらに上位の学位を目指して第三国に「顧客」として留学する，ということは起こりうる。たとえば，日本に国費留学生として博士前期課程を修了した後に博士後期課程進学のために米国に私費留学する，というケースがこれにあたる。また，「外交モデル」や「顧客モデル」として留学を果たした者が，個人のキャリア形成を見事に成功させ，結果として「高度人材モデル」として留学先の国にとどまって働く（あるいは高度職業人材として第三国で働く），というケースも多く存在する。経済主導による人材獲得競争が激しくなるにつれて，留学後の進路は多様化し，留学先の国あるいは第三国で働く，という選択肢をもつことができるようになってきた。このような選択肢を提供するため，柔軟な制度設計と環境整備を行った国が高度な技能や知識をもつ職業人を多く集めることができるのである。日本でも近年，「グローバル人材育成が必要である」という認識は高まり，外交政策モデルから高度人材獲得モデルへ転換し，留学生の雇用を促進するとともに，より多くの日本人学生を留学させようという潮流が生まれている（第3節では，日本がどのような環境整備を行っているか，を考察する）。

第2節　日本の留学生受入れ政策の歴史的特質

　前節では，留学生受入れの政策モデルとして，大雑把に3つのモデルを類型化したが，本節ではこのモデルを念頭に置いて，日本の留学生受け入れ政策を振り返ってみたい。

1　第二次世界大戦後の留学生受入れ

　戦後の留学生受入れは，1954年に「国費外国人留学生招致制度」（いわゆる国費留学生制度）の受け入れが開始されたのを契機として，徐々に拡大していった。これに先立ち，1952年にはインドシナ政府派遣留学生を受入れており，東南アジア，中近東諸国からの留学生受入れを中心に拡大していった。これはアジア諸国の経済発展に寄与するために，人材育成という視点からの協力を推進することが目的であったためである。また，太平洋戦争における日本の侵略行為に対する「賠償」という外交的な意味合いも込められていた。この意味では，戦後日本の留学生受入れは，典型的な「外交モデル」「経済協力モデル」としてスタートしたといえるだろう。

2　留学生10万人計画

　国費留学生や政府派遣留学生の受入れを基軸として発展した戦後の留学生受入れだが，個人の経費負担をする私費留学生も徐々に増え，1978年の文部科学省統計によると5,849人の留学生のうち，4,774人が私費留学生となり，8割を超える水準となっていた。この背景には，日本の経済力に対する魅力の増大があげられるが，当時の高等教育機関の関係者は，私費であれ国費であれ，留学生は自国に戻って社会に貢献する人材になる，という概念を強くもっていたと考えられる。

　1983年にASEAN諸国を歴訪した中曽根首相（当時）は，日本への留学経験者と面会した際に，「自分の子供は日本に留学させたくない」とコメントされたことに大きなショックを受けたといわれている（寺倉，2009）。留学生受け入れ政策の確立の必要性を痛感した中曽根首相が，打ち出した方針が「留学生10万人計画」である。留学生数を約10倍に増やすという壮大な計画であったが，10万人という目標設定の根拠となったのが，当時のフランスにおける留学生数119,336人であった。この10万人計画を達成するために，政府は私費留学生の学習奨励費を含めてさまざまな助成制度を導入し，日本国際教育協会（AIEJ）

などを通じて，支援事業を拡充していった。しかし，バブル崩壊後の1995から1998年にかけては留学生数の伸びが停滞あるいは減少するという事態になり，計画達成が危ぶまれた。

結果として，2003年に留学生10万人計画は達成されるわけだが，最も達成に寄与した要因として，中国人留学生数が伸びたことが大きい。1993年から中国政府が個人の海外留学を認める制度改正をしたため，多くの中国人私費留学生が日本にやってくるようになった。2003年5月当時の留学生総数109,508人のうち，70,814人が中国からの留学生である。最新のデータ（2012年5月1日時点）でも，中国人留学生数は全体の62.6%を占めており，中国への依存度は依然として大きい。

3　留学生30万人計画

2007年5月にアジア・ゲートウェイ戦略会議が取りまとめた同構想では，大学が「知の拠点」となること，国際的に魅力のある質の高い教育・研究を生み出していくこと，が優先課題であるとして，高度人材獲得を推進するために，留学生政策を従来の「国際貢献」から「国家戦略」へと位置付ける提案が行われた。これがまさに「高度人材獲得モデル」への転換を目指したものといえるだろう。アジア・ゲートウェイ戦略会議のレポート（2007年5月16日）の中で「新たな留学生戦略策定に向けた基本方針」が盛り込まれ，学生の受け入れ・送り出しの強化に加えて，以下の点が強調された。

- キャリア・パスを見据えた産学連携等の推進：日本経済にとっても，優秀な留学生を育成・獲得するメリットが大きい。アジア人財資金構想の推進をはじめ，産学連携によるプログラム開発やインターンシップ等のさらなる充実，就業支援等を図る。留学生の就職・起業を促進するため，在留資格制度等の見直しを検討する。
- 海外現地機能の強化（日本へのゲートウェイを世界各地に）：海外現地の留学生獲得・支援機能を先進諸外国並みに強化し，日本へのゲートウェイ機能の充実を世界各地で推進する。大学の国際展開（ダブル・ディグリー・

プログラムの提供など）や海外の大学との協力・連携，渡日前入学許可等の取組みを促す。日本語教育については，フランチャイズ制度を導入。海外拠点数の飛躍的増大を図る。
- 日本文化の魅力を活かした留学生獲得：ポップカルチャーをはじめとする日本文化への関心が，日本留学（専門学校等を含む）の主たる動機のひとつであることを踏まえ，文化産業戦略と留学生戦略を一体的に推進する。
- 国費外国人留学生制度の充実：大学としての人材獲得インセンティブがより発揮されるよう，戦略的な留学生受入れプログラムに対する国費留学生の優先配置を一層充実する。知日派・親日派のエリート育成のため，ヤング・リーダーズ・プログラム（YLP）の充実を図る。
- 短期留学生受入れ促進：数週間〜1年未満の短期交換留学の拡大が，欧米先進国を中心に世界的な潮流となってきていることを踏まえ，大学の短期留学プログラム開発や留学生用宿舎整備・確保を支援する。

教育再生会議第2次報告書（2007年）においても大学の国際化・多様化をすすめ，産業政策，外交政策を含めた国家戦略として留学生政策を再編していくことが提起され，「留学生30万人計画」骨子（2008年）において優秀な留学生を戦略的に獲得することを方針化した。ここに見られるように，留学生30万人計画を推進する過程で，日本の大学の国際競争力を強化し，優秀な留学生を招致できるような構造改革が提起されてきた。

第3節　大学の国際化とグローバル人材育成

1　大学の国際戦略

　日本の高等教育機関で「国際戦略」や「国際マーケティング」といった表現が積極的に使われるようになったのは，大学国際戦略本部強化事業（以下，SIH事業という）[4]が始まった2005年ごろからである。このSIH事業では，20大学が採択されたが，大学内に国際戦略を立案し，実現していくための中枢機関

を設立することが主要な目的であった。その後，グローバル30事業（以下G30とする）[5]，さらには「大学の世界展開力強化事業」[6]などの競争資金が次々登場し，こうした競争資金の申請プロセスでも，多くの大学で国際戦略をどう策定していくかが問われるようになった。

ここで，個々の大学において，戦略的に留学生受入れや留学交流の方針が策定されているか，また，国際化の理念や戦略，留学生の受け入れを含む留学交流について日本の大学のリーダーはどのような考え方をもっているか，について考えてみたい。2005年に実施された「全国四年制大学の国際化と留学交流に関する調査」（横田ほか，2006）において，留学生受入れの理由・目的として，大学から「最も重視する」という回答が30％を超えた項目は以下の3項目である。

① 国際平和・友好（35.6％）
② 親日派・知日派外国人の養成（38.4％）
③ 学生の国際性の涵養（48.7％）

これに対して「産業界への人材供給」を「最も重視する」とした大学は国立大学で17.7％，全体平均でも12.2％にしかすぎなかった。

2008年に「各大学や第三者機関による大学の国際化に関する評価に係る調査」が，国公私立大学756校を対象に行われた（米澤，2008）が，この報告の中で，各大学が最重要視する課題として高い反応が見られた項目は，「国際的な志向をもつ学生を増やす」21.0％（国立34.7％，公立21.5％，私立18.6％），「国際社会・異文化に対する知識・理解を向上させる」53.9％（国立29.3％，公立46.2％，私立59.2％），「国際交流の機会を増やす」22.0％（国立20.0％，公立30.8％，私立21.1％）などであった。「世界的に優秀な学生を獲得する」は国立大学において16.0％が最重視しているとしていたが，全体では3.1％にとどまった。

これらの調査結果からは，日本の多くの大学における留学生受入れは主として「国際理解モデル」「援助モデル」の理念に基づいて行われていることを示唆している。個々の大学の留学生受入れ方針についてみると，人材育成の視点

から戦略性をもった対応をしている大学は極めて少ないと言わざるを得ない。こうした実情を反映して，本節の冒頭に記述したSIH事業が開始され，大学主導による国際戦略の策定，行動目標の設定などに取組む大学が増えてきた。SIH事業の一環として，SIH採択大学20校を含む全国112機関へのアンケート調査が2009年に実施されたが，国際化に向けて，受入れ留学生の数値目標を設定している大学は67％に上っている。同様に「海外留学・研修プログラム」（62％の機関），「海外派遣学生（数）」（52％の機関）などの項目で数値目標の設定が見られた[7]。しかし，アクション・プラン，国際化のための自己評価，PDCAサイクルの導入など戦略策定のための取組みを推進している大学は極めて少数派である。SIH事業を契機として，主要大学には国際戦略室，国際企画室などが設置されてきたが，これはあくまで公的資金が導火線となったもので，大学主導型の国際戦略が定着するまでには相当の時間を要すると考えられる。

2　戦略課題としてのグローバル人材育成

2010年以降，政府による「グローバル人材育成推進会議」，「産学官によるグローバル人材育成推進会議」などが発足し，日本経済団体連合会および民間有識者などが参加して，グローバル人材育成の必要性を訴えてきた[8]。今日のグローバル人材育成にかかわる議論は，高度人材獲得競争を背景としているものではあるが，留学生の受入れや留学交流にかかわる理論的な裏付けよりも，産業界からの強い要請に基づいてすすめられているといえよう。図表1-1は，経済産業省が海外進出企業を対象に2008年に実施した調査[9]において，人材の国際化のための重要課題に関するアンケート結果を表したものだが，「グローバルに活躍できる幹部人材の育成」が最も重要度が高く（66.1％），「日本国内で採用した人材（日本人・外国人）の国際化」（52.9％）が2番目に高い重要度となっている[10]。この結果は日本企業が，世界経済の前線において人材育成と人材獲得の面で苦慮していることを示す根拠といえるだろう。

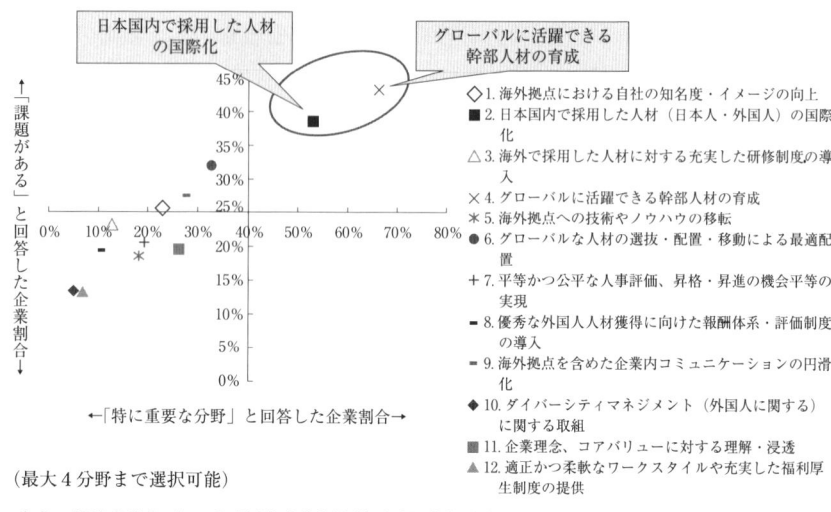

図表1-1　人材の国際化に向けて特に重要な分野・課題だと考える分野
【海外進出企業対象　n：280】

（最大4分野まで選択可能）

出典：経済産業省（2008）「国際化指標」検討委員会報告書

　「グローバル人材育成」が政策課題と重要視されて以降，日本の大学に対して寄せられた期待は，大雑把にいうと2つに集約されるだろう。
① 優秀な留学生を少しでも多くリクルートして，グローバル人材として育成し，高度人材として社会に輩出すること
② 日本人学生に海外学習体験などを積ませることにより，グローバルに活躍しうる人材として育成すること

　こうした目的を遂行するうえで，いくつかの公的資金が投入されてきた。G30事業は主として①を実現するために，英語コース（4年間の学位コース）の設置を中心に日本の旗艦の大学の国際化をはかっていこうとするものである。「アジア人財資金構想」は，優秀な留学生の招致と彼らの日本での就労を戦略的に実現するため，産官学が連携した取り組みを推進するもので，経済産業省と文部科学省が共同で2007年度から実施したものだが，事業仕分けの対象となり，2009年度をもって縮小・廃止となった。また，本節4で後述するように「グローバル人材育成推進事業」が2012年度から開始され，日本人学生の海外

派遣増大と言語コミュニケーション力の強化を目指した取り組みがすすめられている。

このほか，学生の短期相互交流を促進するための「留学生交流支援制度（ショートステイ，ショートビジット）」が2011年度から導入されたが，これも事業仕分けの対象となり，2013年度から事業形態を変えて継続された。さらに大学間の教育交流や共同教育事業（国際共同学位を含む）を促進するための「大学の世界展開力強化事業」が展開されている。

3　G30事業がもたらすインパクト

G30事業は，「優秀な留学生を多様な国からリクルートする」という視点から，日本の主要大学の国際化を加速しようとするプロジェクトであるが，そもそもG30以前の留学生の受入れはどのような形態だったのだろうか？

日本の高等教育機関での入学選抜は，旧来から，特定の日時に入学試験を実施して志願者の学力審査をしたうえで合格者を決定する，という入試システムが確立している。それ以外の選抜方法としては，書類審査と面接を主体とするいわゆるAO入試，指定校からの推薦による入試などが行われてきた。欧米の主要大学に見られるような書類審査のみの選抜方式をとっている大学は最近までほとんどみられなかった。留学生に対しても，基本的には旧来型の入試制度に対応できる学生のみを受入れてきたといえる。現行の入試選抜を維持することは，書類審査を主体とする欧米の入学審査に比べて受験者に経済的，精神的，時間的に余分な負担を強いることになる。入学前にこれだけの高いハードルを課すことは，留学先としての日本の魅力を低下させるだけでなく，学力的に優秀な学生の獲得を困難にする，との指摘もある（太田，2008）。

G30プロジェクトは，日本の主要大学に英語コース（英語による科目のみで学位が取得できるコース）を設置することにより，これまで日本に興味を示さなかった優秀な留学生を獲得するルートを開拓しようとするものである。英語コースの設置に伴い，留学生の多様化を目的として，書類審査を中心とした選抜方式が導入されてきた。つまり，入試や日本語学習を目的に事前に来日する

ことなく，渡日前に入学願書を提出することができる制度である。ただし，現状では留学生総数に対して，書類審査のみの選考を受けて入学したものは極めて少数で，英語コース以外の選抜にはほとんど拡大していない。G30採択校が受ける助成額（年間2億円程度）に対してインパクトの範囲が狭すぎる，という批判は，G30事業が事業仕分けの対象となり，事業の「組み立てなおし」と予算の大幅な見直しに至った主要因である。

　G30事業を契機に英語コースに導入された渡日前出願制度が，大学全体に波及しない理由はどこにあるのだろうか？　この事業の採択を受けた大学の多くで，新規に「カレッジ」「教育院」などの名称をもつ英語コースを立ち上げ，こうした新部局に「国際化」をいわば押し付ける形で「出島」型プロジェクトが盛んに行われている。「出島」型プログラムとは，大学本体のカリキュラムは従来通り維持したまま，あらたに特別な学科や専攻を創設して国際プログラムを運用する形態である。こうすることで，既存の教授会の反対を受けることなく，G30資金で教職員を新たに雇用し，国際プログラムを展開することができる。本来は，こうした「出島」型のプログラムが起爆剤となり，大学全体の国際化を押し上げていくことを期待されている。しかし，もともと学内の合意形成なしに出来上がった組織であるため，主要学部など中枢機能と連携をとることは非常に難しく，大学内で孤立した状況に陥っている場合が多い。

　G30事業は，海外事務所の共同運営，組織的な留学生の受け入れ整備，民間機関との連携による国際化モデルなど，これまで日本の大学が経験しなかった新しい成果をあげており，これらの点を軽視すべきではない。しかし，多くの採択校において，掲げた国際戦略と事業計画の実現過程で学内の合意形成を得ることに苦心しており，既存の教育プログラムと新規プログラムを融合させることが困難な課題となっていることも事実である。事業完成年度（2013年度）を契機に，これまでの成果を学内および学外に情報公開するとともに，既存の教育プログラムとの融合をはかっていくべきであろう。

4　高度人材の受入れ

　戦略的な留学生受け入れについて,「入口」にあたる入試選抜の改革を議論してきたが,「出口」部分の就業に関して, 高度人材としての留学生の獲得はどう進展しているのであろうか。留学生の受け入れによって, 日本社会にグローバル人材を供給しているだろうか。日本に留学してきた外国人留学生のうち, どのくらいの人材が, 日本で就労しているかをみてみたい。日本学生支援機構（JASSO）の外国人留学生進路状況調査によると, 進路が確認できた学位取得者のうちの日本国内で就職する率は平成23（2011）年度において35,579人中7,910人の22.2％, 平成22（2010）年度は, 35,117人中6,663人で19.0％となっている。この数字は, 同じくJASSOの私費外国人留学生生活実態調査「卒業後の進路希望」によると, 私費留学生のうち52.2％が「日本において就職する」を希望している（2011年度）ことから, 決して高い就職率とはいえない。また, 法務省入国管理局によると, 平成23年にわが国の企業等への就職を目的として在留資格変更許可を行った件数は8,586人（申請数は9,143人）で, このうち翻訳・通訳分野が2,543人（29.6％）と最も多く, 販売・営業分野（1,968人, 22.9％）, 情報処理分野（591人, 6.9％）の順となっている。これらの3種の職務内容に従事する者は全体の59.4％を占めている。この結果は, 先に示したJASSO統計のうち, 日本での就職を希望する留学生の希望職種（複数回答可, 2011年）が, 海外業務（46.8％）, 翻訳・通訳（34.6％）, 貿易業務（27.2％）となっていることを考慮すると, 留学生にとって日本での就職が必ずしも希望通りに展開していない状況がみてとれる。

　このように見ると, 戦略的な留学生の受け入れには,「入口」にあたる入試の部分とともに,「出口」のキャリア対策を大学と企業が連携して取り組む必要があることが理解できる。また, 政策的な課題としては, 海外における資格や学歴を適正に審査できるような「外国学歴・資格評価システム」（この制度については第4節で述べる）も整備する必要がある。

5　日本人学生の「送り出し」とグローバル人材育成推進事業

　G30事業の進捗とともに，留学生の受入れのための戦略的取り組みが主要大学で実践的に取り組まれてきた一方，日本人学生がグローバル社会で活躍しうる人材としての準備をできているか，が大きな議論の的となってきた。2011年の東北における大震災以降，留学生の渡日が困難な時期を迎えたこともあり，日本人学生を海外にもっと派遣すべきだ，という論調はさらに強くなった。この背景には，長期にわたって減少を続ける海外への日本人留学生数の問題があることは言うまでもない。

　図表1-2は，近年の日本人留学生数の推移であるが，特に米国への留学者数は1997年の47,073人をピークに長期にわたって減少を続けており，2011-2012年度には19,966人とついに2万人を下回った[11]。この状況をマスメディアが日本人学生の「内向き志向」として報道したことが，社会的なインパクトをもたらしている。日本人留学生数が激減した理由としては，18歳人口の大幅減少，日本の高等教育機関が従来に比べて入学しやすくなったことなども要因と考えられるので，必ずしも「内向き志向」だけが原因とはいえないだろう。しかしながら，最近の高校生の意識調査では52.3％の日本人高校生が「留学したくない」と回答しており，中国（37.5％）や韓国（17.6％）と比較しても，日本の若者が海外へ出ることに積極的とは言い難い[12]。

　政府および経済界の「グローバル人材育成」にかかわる提言が続く中で，2012年度には文科省により「グローバル人材育成推進事業」（以下「G30プラス」という）[13]の公募が実施された。4か月にわたる書類審査と公聴会を経て，全学型（Aタイプ）11校，特色型（Bタイプ）31校，の合計42校が採択を受けた。今後，2016年度までの5年間で大幅に単位を伴う海外学習の増大，英語の標準テストなどを指標として言語コミュニケーション能力の高度化のため，各大学で独自の取り組みが展開されることになる。

　グローバル人材育成推進事業の申請プロセスにおいても，大学の国際戦略や中長期計画が問われることになったが，全学型においては学部の壁を越えた大

図表1-2　海外の大学等に在籍する日本人学生数の動向（日本→海外）

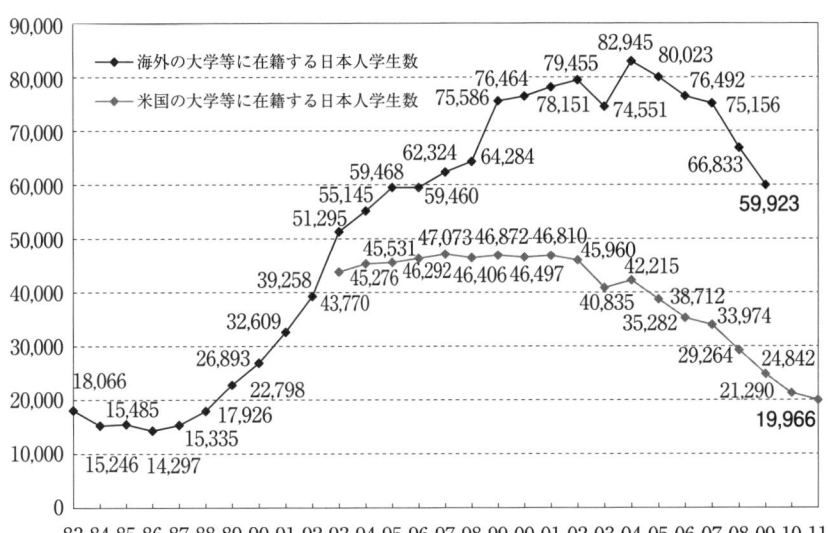

出典：OECD「Education at a Glance」，IIE（米国）「OPEN DOORS」等

学全体の「やる気」を明確に打ち出すこと，各学部の数値目標を明確にしたうえで，大学全体の目標設定を立てることが求められた。こうして大学の部局や学部単位で積極的な関与を求めているところに，事業の特徴がある。このような申請基準においては，大学の中枢機能を変革することなしに「出島」型で特定の学部や部門で国際化を推進するモデルは通用しないことになる。また，このG30プラス事業においては，大学の設置主体（国公私立），規模，立地（都市部と地方）の違いを超えて，多様な大学が選ばれた。従来の大型公的資金において，大規模の旗艦大学が採択を受ける傾向が強かったのに比べると，採択大学に多様性がみられることが特徴である。もちろん，机上の申請内容が大学の普遍的な国際化に直結する，と考えることは早計であるが，G30プラス資金により新規プログラムが，日本の高等教育全体に良いインパクトを与えることを期待したい。

　今後の課題としては，「グローバル人材」をどうやって測るのか，その物差

しについての評価軸の検討が重要なテーマである。欧米では，高等教育から社会人になる過程で多数のデータを集めた学習成果分析の研究が繰り返し行われている。まず，CHEERS（高等教育後のキャリア研究）というプロジェクト[14]では，1998年秋から2000年春にかけて，西ヨーロッパを中心とする12カ国の3,000人の卒業生（卒業後4年［1994年秋から1995年夏卒業］）を対象とし，「高等教育」と「雇用」についてのアンケートを実施した。また，米国ではグローバル・エンゲージメントのための海外留学（SAGE）[15]というプロジェクトが2006年から国務省などからの支援を得て実施された。21,569人の海外留学経験者を対象とするオンライン調査を実施し，6,391人から回答を得た。海外留学経験者たちの追跡調査を通じて，彼らがいかにグローバルな資質を得ていったかを探ることが目的である。Eポートフォリオを使った追跡調査なども取り組みが始まったばかりであるが，留学経験者の「海外学習体験」と「資質開発」の間に，どれほどの関係性があるのかを調査することも重要な研究課題である。

第4節　国際的な人材流動化と政策課題

日本の留学生政策に関する分析，調査は今まで限定的にすすめられてきたが，世界に散らばっている元留学生を対象とした，包括的な追跡調査はいまだに行われていない。評価・分析の事例研究としては，個々の学生の意識や受け止め方に焦点をあてた調査が数多く行われてきた。また，留学生受け入れ政策そのものに対する評価としては，インドネシアとタイの両国において，日本への留学者（国費および私費），米国留学者，非留学者の意識調査を行い，留学の成果にかかわる比較・分析が行われている（佐藤，2010）。この分析の中では，留学の成果の活用という観点からは，「日本人との人間関係の構築と継続」「日本語・日本文化への関心」が有意な説明変数として紹介されている。

1　国際化指標からみる人材の受け入れ評価

図表1-3は，経済産業省がOECDデータをもとに，高等教育を受けた人材

第1章 日本の学生国際交流政策

の国際的な流動性を主要各国と対比したものである[16]。大学を卒業した人数に対して、各国に出入国した大卒者の比率を算定した統計で、OECD主要20か国平均で入国者比率が12%、出国者比率は7%となっている一方、日本への入国者は0.7%、出国者が1.4%と際立って流動性が低い。海外で高等教育を受けた人材が日本には流入していないうえ、日本から海外に人材が流出する割合のほうがわずかではあるが流入者を上回り、「頭脳流出」状態となっている。

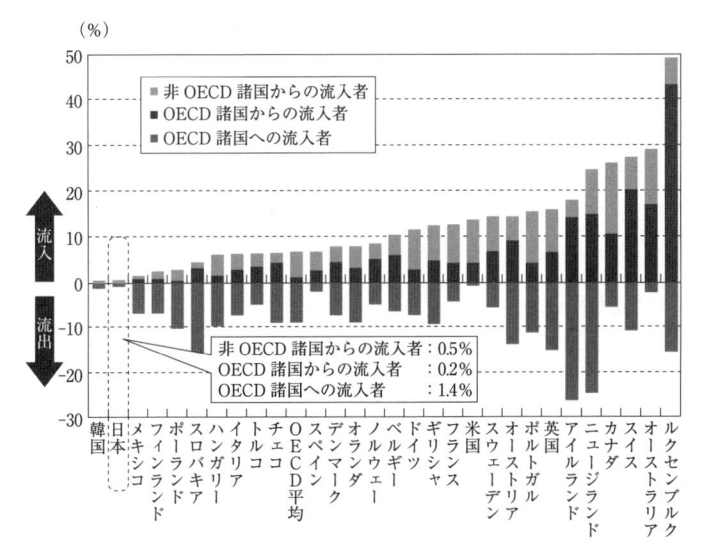

図表1-3 大卒以上における外国人移入者・移出者の比率の国際比較（2000年）

出典：経済産業省（2008）「国際化指標」検討委員会報告書
＜OECDによるFact Book 2007よりNRI作成＞

こうした統計を見ると、日本に高度人材が流入しない原因がどこにあるのか、という点を検討する必要がある。高度人材を海外から受入れるためになんらかのシステム面での障壁があるだろうか。経済産業省の「国際化指標」報告書は、日本の労働市場としての魅力が相対的に低いことを理由のひとつとして示唆しているが、この点はさらなる検証が必要となるだろう[17]。

2 政府の取り組み課題

　政策的な課題としては、グローバル人材育成に関連して、海外からの高度人材受け入れのためのインフラ整備が必要である。高度人材が日本に流入してこない状況はすでに見た。ビザ制度の整備などによって、海外から優秀な人材を受け入れるためには、ビザ制度を高度の技能や知識をもった人材を受け入れやすく整備していく必要がある。また、外国で高度な学歴や資格を保持する者が留学や就職を目的として日本にやってこない理由のひとつに、日本には海外での資格や学歴を正当に評価する制度やシステムが整備されていないことがあげられる。この「外国学歴・資格評価システム」は英語では Foreign Credential Evaluation（以下 FCE という）と表現されている[18]。日本では、FCE にかかわる調査・研究[19]は行われたことがあるが、国のシステムとして FCE を運用することについては、正式に検討されたことはいまだにない。しかし、このシステムなしには、海外で高度な資格や学歴を保持している高度人材を招聘していくことは非常に難しい。

　欧米では、FCE を専門に行う機関が存在し、特に欧州では各国に NARIC[20] センターと呼ばれる認証機関が存在する。欧州の NARIC センターは国によってその存立基盤が異なるが、政府機関の一部となっている場合が多く、ほとんどが公的資金で賄われている。また、欧州以外の国も参加する ENIC というネットワーク[21]が存在し、2つのネットワークを総称して ENIC-NARIC と呼ぶことが多い。米国においては、政府機関による FCE への関与はほとんどなく、民間の第三者機関が認証・評価の役割を担っている。主要大学においては、内部評価を行うために入試担当官（一般的に、admission officer などと呼ばれる専門職）を配置して専門的な調査や研修なども実施しているが、多くの大学で内部調査だけでは対応できない困難ケースをかかえており、外部の専門機関に調査・分析を委託している。第三者機関による外部評価を原則として、内部に専門職を配置しない大学もある。これは大学による「FCE」の外注（アウトソース）化である。

なお，本稿では，高等教育機関の入学選抜との関連でFCEについて論じたが，FCEが必要となってきた背景にあるものは，必ずしも学術面での評価需要だけではない。職業的なレベルの評価も移民の受入れ国においては極めて重要であり，特に医療，技術系職種，法律関係，会計関係など，ある程度高度な知識や技能を求められる職業や資格・免許職種に対しては，個人が国外で受けた教育，保持している資格や免許などを評価する必要が生じる。今後，日本が高度な技術や資格をもつ職業人を海外から招聘する必要を考慮すると，FCEは日本の将来に不可欠なシステムである。早期に日本におけるFCE専門機関を設立することが期待される。

第5節　大学の取り組み課題

大学国際化の定義として広く引用されるナイト（Knight, J.）の言葉を借りれば，国際化は教育，研究，その他のサービスを含めてすべての大学の機能が国際的かつグローバルな状況や局面に統合される多面的なプロセスである（ナイト，2008）[22]。また，米国の国際教育関係者の間では，"Comprehensive Internationalization" という表現が使われ，学生の学習成果と教員の研究に代表される大学全体の成果にインパクトを与えるものとして，大学が主体的かつ包括的に取り組む国際化を提唱している（ハディック，2011）。

こうしてみると，大学の国際化は，あたかもパッチワークのように部分的な「手当て」をするだけで実現するものではない。仮に過渡期的な取り組みとして「出島」型の国際教育プログラムを遂行するとしても，中枢機能との連携をはかって大学全体の国際化に寄与するような教育プログラムを転換していくべきである。すでに第3節でみたように，「出島」型のプログラムは，既存の学部の教授会の合意を経ずに，大学の中枢とは離れて国際プログラムを運営するものである。学内の合意形成をはかることが容易であることから，独立した「出島」で運用する国際プログラムを導入する大学は増えている。しかし，国際化そのものを大学自体が変革していくプロセスとして捉えるKnightの定義

から見ると，独立した専攻や学科における「出島」型の取組みが，他の学科や学部の教育に影響力を持ちうるのか，という点は大きな疑問である。G30のいわゆる「組み立て直し」の中で，英語コース（英語による科目のみで学位が取得できるコース）の波及効果が学内や他大学に出ていない，と指摘されたことからもわかるとおり，「出島」型プログラムで大きな波及効果を期待することは難しい（太田，2011）。

また，日本における大学国際化の取り組みは，その多くが政府資金，特に期間を限定された主要な助成プロジェクトに過度な依存をしていることも大きな懸念材料である。それらの資金は，5年または3年という期限を設定していることにより，資金終了後に持続可能なプログラムをどう展開するかが課題となる。こうした期限付きの外部資金で雇用された国際関連の教職員の処遇，評価，契約継続の可否の決定などのプロセスを経て，十分なコミットメントに基づく執務が可能か，などの懸念も否定できないところである。国際プログラムの運営には，教育，管理業務を含めたマネージメント力のある専門家が必要だが，このような雇用環境で有能な専門家が育っていくのか，大きな疑問を持たざるを得ない。

ここで，個々の大学にとっての継続的な取組み課題を次のA）～F）のように整理してみたい。これらの課題は簡単に実施できるものではなく，むしろ大学の実情に合わせた創意工夫を必要とするような取組みである。大学によっては，学部間の調整や何重もの会議体の意思決定を経なければならないものも含まれる。また，一定のマンパワーや財源を必要とするものでもある。しかし，重要な点は，国際化においてイノベーションを起こしていくためには，予算や人員が潤沢にあることが必ずしも前提条件ではない，ということである。学内構成員による理念の共有を図るとともに，起業家精神を導入し，必要に応じて学外機関や国内外の大学と連携する道を探るべきである。また，ベンチマークによって他大学の取組みから学ぶことも重要だと考える。

A）大学としてのブランドをどのように表現するか，も重要な視点である。

SIH事業において一部の大学に見られたことだが,「オンリー・ワン」の戦略を表明することにより,大学の特徴を明確に打ち出すことが可能になる。総合大学では,特定の学部や研究領域を取り出して国際広報することは非常に難しく,いわゆる「総花的」な広報戦略を表明するところが多い。これでは,個別の大学の特徴を生かした広報活動をすることは難しい。また,日本の大学総体としてのブランディングを真剣に考えていくことも必要で,British Councilが展開しているEducation UK[23]にみられるように,日本の大学全体で何をアピール素材とするのか,を統一することも必要である。

B) 優秀な人材を獲得するために,入試広報,留学生リクルート,選抜方法,奨学金制度に一貫した戦略を立てるべきである。獲得したい留学生のプロファイルを作成し,それに適合した広報,リクルートを展開する。一般に日本の大学は,分散型のマネージメントを行っているため,一貫性のある広報・リクルート戦略が欠落しており,このことが大きな弱点である。他大学と横並びの広報やリクルート活動をしているケースもしばしば見受けられるが,この部分で独自性がないと,留学生にとっても学校選択は難しくなってしまう。

C) 入学試験による選考が依然として留学生選抜の主流となっているが,書類選考,海外での入試,オンライン面接など,創意工夫を凝らした渡日前出願による選抜方式を導入すべきである。海外からの志願者にとって利便性のある出願方法を導入することで優秀な学生を獲得することが可能となる。

D) 「出島」型の国際プログラムから離れ,Hudzicのいう包括的な国際化(Comprehensive Internationalization)を目指して,学部や部門を横断する国際化の指針をもつべきである。そのためには,中長期計画や国際戦略の策定に加えて,国際化に特化した自己点検,ベンチマークなどの評価を定期的に実施し,継続的に戦略と計画を見直すような体制を確立すべきである。

E) 極度な外部資金への依存から脱却し,第三者機関との連携,他大学との資

源共有を行うことにより，質保証を測りながら効率的業務推進を目指すべきである。国際教育に関連する分野でも，留学生のための住宅情報管理，ビザ手続き，旅行手配，危機管理インフラ整備，短期プログラム運営，海外におけるインターンシップ，ボランティア・プログラムなどの開発・運用など，専門分野ごとにアウトソースを行うことは可能である。あくまでも大学側による質保証ができるような運用体制を確立しておくことが必要条件である。

F) 日本の大学における専門職の位置づけが非常に曖昧な状態が続いており，職員組織においては依然として，定期異動を前提とするゼネラリストとしての職能開発を重視する傾向にある。この点は，よく欧米の組織との比較において，指摘される問題ではあるが，複数の専門職をもつゼネラリストを志向することが必ずしもマイナスの要素であるとはいえないだろう。ただ，国際教育にかかわる専門職，特に留学生アドバイザーなどはますます必要な存在となるので，上記E) の第三者機関との連携によりノウハウを共有することや，第三者機関に所属する専門職との人事交流を図ることなども検討に値する。

おわりに

大学の国際戦略を策定し，戦略的に留学生を受けていくプロセスでは，学内の合意形成は不可欠である。たとえば，入試制度にかかわる改革については，多くの総合大学の場合，最終決定権は学部教授会にある。このような場合，学部自治の観点から制度改革をトップダウンで行うことは非常に困難である。一方，個々の学部でもあらたに教員に負担を強いるような決定を自らすることは稀である。しかし，本稿で見てきたような高度人材獲得のための競争は地球規模で進展しており，この中で日本の大学も国際競争の中にさらされていることを自覚すべきである。日本の大学が人材育成のための社会的使命を果たすためには，これまで以上のスピードで国際戦略をうち立て，実行していくことが求

められる。グローバル人材育成にかかわる議論の中で，留学生受け入れ戦略についても，政府，企業，大学の三者が協調しながら前進することができればと強く祈念する。

注

1) "Long-term growth in the number of students enrolled outside their country of citizenship Growth in internationalisation of tertiary education (1975-2011, in millions)" in Education at a Glance 2013, p. 306.
2) 代表的なものとしては，Everett S. Lee（1966）"A Theory of Migration" *Demography,* Vol. 3, No. 1, pp. 47-57，Springer.などがある。
3) OECD Education at Glance 2013, p. 309
4) 日本の大学における研究・教育環境の国際競争力を高めるため，大学の特色に応じた「国際戦略本部」により国際展開戦略の優れたモデルを開発することを目的とし，2005年から5年間のプロジェクトとして実施した。モデルとなるべき大学として20大学が当該事業の採択を受けた。
5) 文部科学省により，2009年から5年間のプロジェクトとして開始された「国際化拠点整備事業」の通称。2011年から「大学の国際化のためのネットワーク形成推進事業」に名称変更された。
6) 文部科学省により大学間連携を強化するための事業として開始されたもの，2011年度は日中韓を軸としたキャンパス・アジア収穫拠点形成（タイプA）13件，米国における大学等との協働プロジェクト（タイプB）12件が採択，さらに2012年にはASEANの大学との協働教育を目指した14プロジェクトが採択された。
7) 「2005～2009年度文部科学省大学国際戦略本部強化事業最終報告書」第3章，p. 20
8) 有志懇談会一同『グローバル人材育成に関する提言－オールジャパンで戦略的に対応せよ－』（2010.12），産学連携によるグローバル人材育成推進会議『産学官によるグローバル人材の育成のための戦略』（2011.4.28），グローバル人材育成推進会議『グローバル人材育成推進会議中間まとめ』（2011.6.22）など。
9) 「国際化評価指標」検討委員会報告書，経済産業省，2009年4月，p. 124
10) なお，同調査は2010年にも実施されており，「グローバルに活躍できる幹部人材の育成」（74.4％），「日本国内で採用した人材（日本人・外国人）の国際化」（65.2％）とさらに高い数値を示している。

11）IIE Open Doors
12）㈶日本青少年研究所などがまとめた「高校生の生活意識と留学に関する調査報告書」（平成23年度）による。
13）本稿では，「G30プラス」という呼称を使用するが，グローバル人材育成推進事業のニックネームは2013年度以降に Go Global Japan と定められる予定である。
14）正式なプロジェクト名は "Careers after Higher Education: a European Resarch Study" という。
15）ミネソタ大学の Michael Page 教授を中心とするプロジェクトで正式名称は "Study Abroad for Global Engagement" である。
16）前掲「国際化指標」検討委員会報告書（平成21年），p. 11
17）同報告書は，IMD による World Competitiveness Yearbook 2008のデータ（日本の労働市場としての魅力は対象55か国・地域の中で42位）を紹介している。
18）欧州などでは Foreign Credential Recognition と表記される場合もある。Recognition は「認証」と訳すのが適当であろう。
19）科学研究費基盤研究（基盤B）「高等教育における外国成績・資格評価システムの国際比較研究」（代表：芦沢真五，堀江未来 2005-2006）
20）NARIC（National Academic Recognition and Information Centers）は，欧州評議会（Council of Europe），ユネスコなどの連携により1984年に発足した。欧州域内における学位や学業成績の認定をするための手法の確立や情報共有を目的として各国の NARIC センターがネットワークを形成している。
21）欧州評議会・ユネスコによって1994年に組織されたもので European Network of Information Centres on Academic Recognition and Mobility の略称。欧州地域の各国に加えて，オーストラリア，カナダ，イスラエル，米国，旧ソ連邦関連数カ国などが参加している。
22）Jane Knight は大学国際化を以下のように定義している。"the process of integrating an international, intercultural or global dimension into the purpose, functions or delivery of higher education at the institutional and national levels"（Knight, 2008, p. 21）
23）Education UK のブランドについては以下の URL を参照。
http://www.britishcouncil.org/eumd-educationuk-brand-what-is.htm

＜参考文献＞
芦沢真五・堀江未来・太田浩・黒田千晴・井上由紀（2007）『高等教育における外国

成績・資格　評価システムの国際比較研究』平成17-18年度科学研究費補助金研究成果報告書，名古屋大学留学生センター

太田浩・芦沢真五ほか（2010）『グローバル社会における大学の国際展開について～日本の大学の国際化を推進するための提言～』2005～2009年度文部科学省大学国際戦略本部強化事業最終報告書，日本学術振興会

太田浩（2011）「大学国際化の動向及び日本の現状と課題：東アジアとの比較から」『メディア教育研究』第8巻第1号

黒田一雄編著（2013）『アジアの高等教育ガバナンス』勁草書房

佐藤由利子（2010）『日本の留学生政策の評価─人材養成，友好促進，経済効果の視点から』東信堂

寺倉憲一（2009）『留学生受入れの意義─諸外国の政策の動向と我が国への示唆』国立国会図書館調査及び立法考査局

寺倉憲一（2009）『我が国における留学生受入れ政策─これまでの経緯と「留学生30万人計画」の策定』国立国会図書館調査及び立法考査局

古城紀雄・芦沢真五・米澤彰純・太田浩ほか（2006）『大学国際化の評価指標策定に関する実証的研究』平成16～17年度科研報告書，研究代表者：古城紀雄

横田雅弘・白土悟（2004）『留学生アドバイジング─学習・生活・心理をいかに支援するか』ナカニシヤ出版

横田雅弘ほか（2005）『アジア太平洋諸国の留学生受け入れ政策と中国の動向』平成15～17年度科研中間報告書，研究代表者：横田雅弘

横田雅弘ほか（2006）『岐路に立つ日本の大学：全国四年制大学の国際化と留学交流に関する調査報告─日米豪の留学交流戦略の実態分析と中国の動向・来るべき日本の留学交流戦略の構築』平成15～17年度科研最終報告書，研究代表者：横田雅弘

横田雅弘・服部誠・太田浩ほか（2007）『留学生交流の将来予測に関する調査研究』平成18年度文部科学省先導的大学改革推進経費による委託研究報告書　一橋大学
http://www.kisc.meiji.ac.jp/~yokotam/research%20project%202.htm

横田雅弘編（2010）『留学生30万人計画と大学の戦略』静岡アジア・太平洋学術フォーラム選書「人材獲得競争─世界の頭脳をどう生かすか」第一部3章　学生社

米澤彰純ほか（2008）『各大学や第三者機関による大学の国際化に関する評価に係る調査研究』，平成19年度文部科学省「先導的大学改革推進委託」報告書，東北大学

Deardorff, D. (2010) *The SAGE handbook of intercultural competence*. Thousand Oaks, CA: SAGE Publishing.

Hudzik, J. K. (2011) *Comprehensive Internationalization: From Concept to Action.*

Washington, D. C. : NAFSA: Association of International Educators.

Knight, J. (2008) *Higher education in turmoil: The changing world of internationalization.* Rotterdam: Sense Publishers.

Larsen, K., and Vincent-Lancrin, S. (2002) "The growth of cross-border education", Education Policy Analysis 2002, "International trade in educational services: good or bad?", *Higher Education Management and Policy,* vol. 14, No. 3, OECD, Paris.

Wit, H. de. (2002) *Internationalization of higher education in the United States of America and Europe: a historical, comparative, and conceptual analysis.* Westport, Conn. : Greenwood Press.

第2章　日本の大学と大学生文化

第1節　多様化する日本の大学生

1　戦後大学の変化：エリート・マス・ユニバーサル

　1947（昭和22）年の学制改革によって，日本の大学は戦前のエリート養成機関としての大学から大衆の高等教育機関としての大学に転換した。後に評論家の大宅壮一が「駅弁大学」と揶揄したように各都道府県の主要都市にひとつの国立大学が新設され，大学数も12校から178校に急増した。これが戦後の大学大衆化の始まりであった。

　しかし，1950（昭和25）年当時でも大学生数は22万人程度しかなく，大学進学率も高校卒業者の1割程度であり，まだまだエリート大学の時代であった。大学大衆化が現実のものになりはじめたのは戦後生まれの団塊世代が大学進学を目指した1960（昭和35）年代後半から70（昭和45）年代にかけての時期であった（図表2-1参照）。

　マーチン・トロウ（Trow, M., 1976）は，かつて高等教育の発展を当該年齢人口に占める学生在籍率に応じて「エリート型」（15％未満）から「マス型」（15％以上50％まで），最後に「ユニバーサル型」（50％以上）に至る3段階に区別した発展段階説を唱えた。

　これを日本の大学進学率に当てはめて考えると，「エリート型」は62年（12.8％）までであり，その後，長く「マス型」時代が続き，2005年（51.5％）になって「ユニバーサル型」時代に突入したといえる。しかし，短期大学や高等専門学校を含めた高等教育全体で捉えると，1970年代には「ユニバーサル型」時代

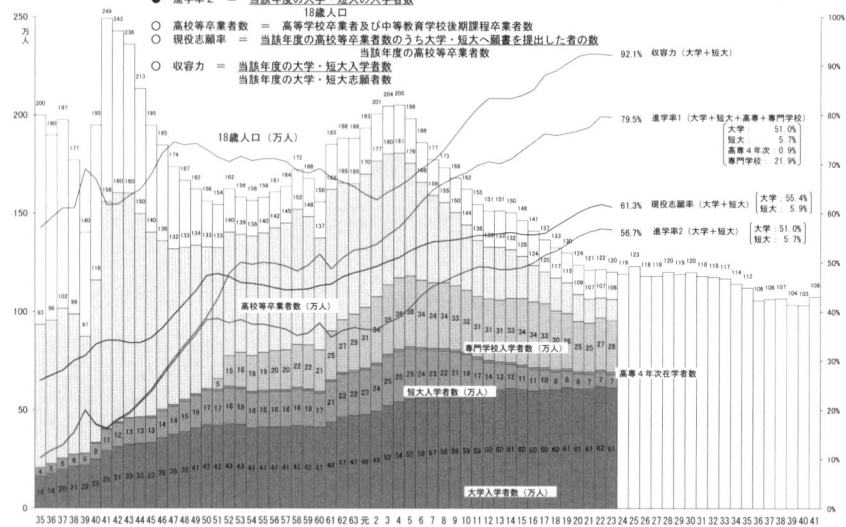

図表2-1　18歳人口と進学率等の推移

出典：文部科学省「学校基本調査」，平成36〜41年度については国立社会保障・人口問題研究所「日本の将来推計人口」をもとに作成

に入っていたと見なしてもよい。2012年現在では，大学・短大合わせて56.7%，高等専門学校等を含めた高等教育機関への進学率は79.5%に達している。

　わが国の戦後の大学進学率は，大きな枠組みで見ると2回の急増期があったといえる。最初は1966（昭和41）年から76（昭和46）年の11年間であり，この間に大学進学率は16.1%から38.6%へ22.5%増大している。学生数にして約80万人増である。この時代はトロウになぞらえていえばマスプロ（Mass Production）の時代であり，実質的な大学大衆化時代の始まりであった。この時代の大学進学は「受験戦争」が流行語になったように進学競争が過熱した時代でもあったが，その受験競争の厳しさと引き替えに，一旦大学に入学してしまえば，青春を謳歌する「勉強しない大学生」が一般化された大学生像として定着し，社会では「大学レジャーランド」として揶揄され，「大学生ダメ論」が流行した時代でもあった。

たとえば，1985年の『現代のエスプリ』の特集テーマは，「大学生―ダメ論をこえて―」と題され，実態としての大学生ダメ論がいくつも取り上げられ，「ダメ大学生」から如何に脱却するかを論じようとしている。編者の新堀通也は，同書の中でこれまでの大学生論を通読するとダメ論というべき論調が支配的になってしまうとの嘆きの言葉を吐いている（新堀，1985）。

当時，知日派外国人から日本の大学生について強烈な批判を寄せているのは『ジャパン・アズ・ナンバーワン』を書いたエズラ・ヴォーゲル（Vogel, E. E., 1979）である。彼は「学生の勉強ぶりは大学受験前に較べてずっと落ちるし，授業中の問題の掘り下げ方も甘く，普段の出席率も悪い。……日本の学生の書く論文は独創的ひらめきを示すよりも，どちらかといえば教えられたことに忠実なものが多い」（p.193）と述べている。また，駐日米国大使を務めた親日派のライシャワー（Reischauer, O. E, 1979）も「勉強にはほとんど何の関心も示さず，スポーツや趣味，それに過激な政治運動など，学業以外の活動に熱中する学生も少なくない」（p.182）と，日本の大学生に対して手厳しい批判的意見を述べている。

つまり，日本の大学は「高等教育機関」であるよりは，単なる「学歴付与機関」に過ぎないという手厳しい批判を浴びせた時代でもあった。

2　ユニバーサル時代の今日の大学

戦後60年を経た今日の日本の大学は，トロウの高等教育の段階説に従うと，エリート時代からマス時代を経てユニバーサルの時代に至っている。大学進学率も同世代の約80％の大多数が高校卒業後，何らかの高等教育機関で学んでいる時代である。

トロウ（1976）のいうユニバーサル型大学のモデルは，1970年代のアメリカの大学であったが，日本の大学の実際とはかなり違っていることも事実である。ユニバーサル時代では，高等教育の機会が「万人の義務」となり，大学進学の要件が「開放的（個人の選択）」になる。大学の目的観は「新しい広い経験の提供」であり，大学の主要機能は「産業社会に適応しうる全国民の育成」となる。

これらは日本にも当てはまるが，ユニバーサル時代の大学では，学生の進学・就労パターンは「入学時期の遅れやストップアウト，成人・勤労学生の進学，職業経験者の再入学が激増」するという指摘は日本には見られないし，教育機関の特色が「極度の多様性（共通の一定水準の喪失）」をもつという指摘は，日本ではあまり公知の事実として認識されていない。大学規模について「学生数は無制限的（学問共同体意識の消滅）」という現象も，日本の大学では制度上見られない。

ユニバーサル時代の日本の大学は，いつ頃から始まったのか。第2回目の進学率の急増期は，1991（平成3）年から2000（平成12）年の9年間である。この時期37.7%から49.1%へ11.1%増加している。比較的緩やかな上昇であるが，学生数は約78万人増で第1回目の上昇期と学生数の増加数はほぼ同じである。

この時代の進学者数の増加は，大学新設ラッシュがその要因である。日本の大学数は783校（2012年）あるが，その3分の1以上の276校が1990（平成2）年以降新設された大学である。国立大学は1999年の国立大学法人化以降，99校から86校に減少しているが，公立大学は1990年の39校から92校と2.3倍増加し，私立大学も372校から605校と1.6倍に増加している。この時期には，地域活性化の御旗の下に県立大学等の公立大学の新設ラッシュが各地で展開された。

この要因のひとつは，1991年大学設置基準が各大学の自己責任の原則の下，規制緩和されたことが引き金になっている。少子化による受験生の急激な減少期を前に受験生の取り込み，駆け込み新設が行われた結果であった。

新設大学は新しい大学の意義を強調するアピール戦略として，従来のエリート主義の伝統を引きずった研究志向の大学との差別化を図り，特徴ある教育内容に特化した大学を売りにした。そのために学生生活の実際は多様性に富んだユニークな大学が多くみられるようになっている。

具体的には，海外留学を義務づけた大学，フィールドワークに力を入れた実践的教育を重視した大学，資格取得に特化した大学など，実学的な授業内容を重視した大学が多いが，伝統的な大学が大学全体として，こうした特徴的な教育を重視していることはなく，何れも小規模の新設大学や新設学部だけで実施

していることが多いので，日本全体の大学生像の全体イメージを変えるだけのインパクトはない。

3 多様化する大学と大学生

したがって，グローバル化時代の大学生の全体的特徴は一概に語ることは難しい。学生の量的拡大は，中心には依然としてマジョリティとして画一的な学生像として捉えられる一群が存在する。その周辺には多様性に富むマイノリティ，質的に特化した多様な学生の拡がりが見られるといったイメージである（図表2-2参照）。

ただ，学生の多様化は拡散する傾向にあり，学生集団の平均として学生像を語るのは同じでも，個々の学生像の分散度は以前より大きくなっている。たとえば，図表で示した「国際活動に特化する学生」は，グローバル化の進展や外国人留学生の増大による国際交流機会の拡大や各大学の国際化戦略による海外留学チャンスの拡大などにより，国際交流活動に目を向ける学生は以前より，総じて多くなっていることは確かである。同様に，スポーツ活動に特化したり，資格取得に特化する学生も多くなっている。つまり個々の学生の分散が大きくなっているのである。

文部科学省も1990年代以降，競争的資金配分を多用化して，大学間競争を推進する政策を強化しているので，各大学もそれぞれ特色ある大学像を打ち出さ

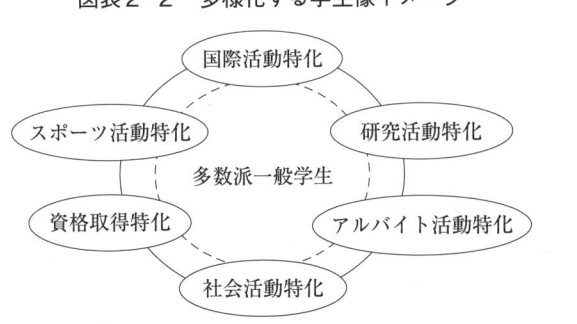

図表2-2　多様化する学生像イメージ

（国際活動特化／スポーツ活動特化／研究活動特化／資格取得特化／アルバイト活動特化／社会活動特化／多数派一般学生）

ざるを得なくなっている。特に少子化時代による急速に進学年齢人口の減少が、受験生獲得競争に拍車をかけている。そのために各大学はこぞって魅力ある教育理念や学生本位の教育を強調し、教育効果の高さを競うようになっている。

したがって、今日の流動的大学と大学生を一様に語るのが難しいのも事実である。最大多数の平均値を描くと例外が必然的に多くなる。そうした限界があることを前提として今日の大学生像を語るしかないが、そのことを念頭に、以下に現代日本の学生像を大胆に分析してみたい。

第2節　日本の学生文化の類型化

1　学生文化の捉え方

学生は大学でどんな文化を享受しているか。大学全体を「大学文化」という大きな括りで捉えると、教授が中心になって専門知識を提供する「学問文化」がある。

大学が専門知識を学ぶ場であると考えると、教授が提供する学問文化は大学文化の中心でなければならないが、学生が大学で享受する文化は、学問文化だけではない。大学生として彼らは専門の学問を勉強するほか、サークル活動や学友との交流を通じて多種多様なキャンパスライフを体験しているし、大学外でもアルバイトや社会的活動を通じてさまざまな体験をする機会は、高校時代とは比較にならないほど大きくなっている。

学生が実際に大学で享受している「学生文化」は、学生生活の重要な部分を占めていることがわかる（図表2-3参照）。

学生文化の実際は、大学のあり方によっても異なっている。エリート大学の時代には、学術の深奥を極めた教授中心の学問文化が大学文化を支配していた。学生は教授中心の学問文化に接近することを要請されたし、それが普遍的な大学の理念でもあった。したがって、当時の学生が自主的に展開する学生文化も、哲学、文学、思想などの知的活動が主流を占めており、教授が提供する学問文

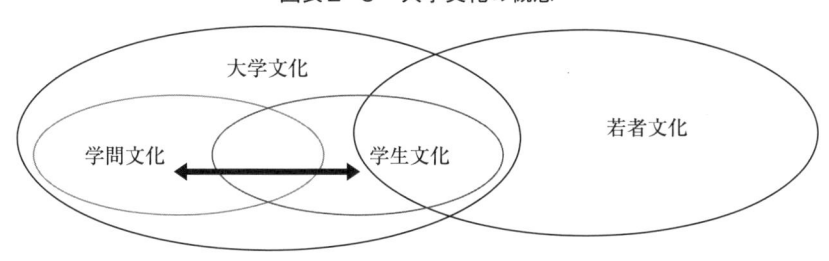

図表2-3　大学文化の概念

化の周辺にあり不離不可分の関係があった。

　しかし，大衆化した大学の時代では，学生文化は街角の若者文化や大衆消費社会の大衆文化と見分けがつかなくなり，それと関連する学生文化が優位を占めるようになり，多様なニーズを映し出すことになる。

　たとえば，スポーツ・旅行・ファッション・芸能イベント・ポピュラー音楽・アニメやゲーム・その他の情報行動など，大衆文化に親和性のある学生文化が隆盛を占めるようになる。これらが「遊び型文化」の中核を占めるようになっている。

　こうした多様化した学生ニーズを前提にすれば，旧来のエリート時代のように画一的に学問への熱い情熱だけを期待できる状況にないことはいうまでもない。教授中心の学問文化と大衆化した学生文化の乖離が大きくなり，その結果，1980年代に「勉強しない大学生」といわれる現象が一般化したといえる。

　米国連邦教育省が1987年に発表したJapanese Education Today（通称「カルコン・レポート」）(1987)には，日本の高等教育機関は，変化しつつある世界の中で，国民の必要性にも日本の青年の関心にも十分応じていない。学生はよく授業をサボり，大半のエネルギーを大学受験のために見合わせなければならなかったクラブ活動や娯楽に注ぎ，ろくに勉強せず，4年間を浪費しているのは信じがたい時間の無駄であるといった手厳しい批判をしているが，それはこうした教授中心の学問文化と大衆化した学生文化の乖離した結果を言い表していると読み取れる。

　その後，文科省の主導する大学改革によって大学は，教授中心の学問文化も

学生ニーズに歩み寄る方向で推移し，学生の多様なニーズに応えようとする。従来のアカデミックな学問体系中心の学部学科のみならず，国際・情報・政策・応用などの具体的課題領域で多様化した学部学科を新設して，実際的な教育重視の学問文化に拡大する傾向を示している（草原，2008）。

　このように多様化した大学の学生文化をさぐる試みもいくつか行われている。武内清らは，アンケート調査を主体にした継続的研究を行い，大学と学生意識の関係を多角的に考察している。その中で学生文化の分析に関しては，19大学の調査結果から「友人との交友」「学業・勉強」「趣味」「アルバイト」「異性（恋人）」「サークル活動」「ダブルスクール」の7分野がそれぞれ独立して存在していること。それらの下位分野を学生たちは学問や大学の枠にとらわれず，各自が多様に選択して学生文化を形成していることを明らかにしている（竹内，1999）。この竹内らの指摘を受けて，その約10年後に4大学で追試を行った結果では，「友人との交友」「学業・勉強」「趣味」「アルバイト」「サークル活動」の5分野は，学生文化の下位分野として捉えられたが，「異性（恋人）」「ダブルスクール」の2分野は下位分野としてとして捉えられず，別に「メディア」が下位分野として捉えられたという報告もある（間瀬，2009）。この両者が抽出した下位文化の違いを，この間の学生文化の時代的変化を示すものとして捉えるか，調査対象学生の違いとして解釈するか，いずれの解釈も可能であるが，この違いを学生文化の時代的変化として捉えると興味深い。

　武内らは，現在の日本の大学生は，学生消費者主義，孤立主義，学力低下，情報化社会，多文化主義，政治不安，個人的不安や社会的緊張といった特質が見られると述べている（武内，2007）。しかし，これらの特質はアメリカの大学生にも見られる特質であり，日本特有の特質ではないとも述べている。そういう意味で，日本の大学生がユニバーサル型のアメリカの大学に近づいたのかもしれない。

　なお，こうした多様化した学生文化を包括的，類型的に捉える試みについては，図表2-4のようなトロウとクラーク（Trow, M. & Clark, B. R., 1996）の古典的モデルが有名である。

第2章　日本の大学と大学生文化

図表2-4　クラーク＆トロウの学生文化類型

	知性の包絡	
	多い	少ない
カレッジとの同一化　多い	(3)学問文化	(1)遊戯文化
カレッジとの同一化　少ない	(4)非順応文化	(2)職業文化

出典：矢野弘（1972）「学生文化とカレッジの関係様式」『カレッジイムパクト研究（Ⅱ）』p.3

　彼らは，学生同士の結合のあり方に対する知的内容の多少と，彼らの大学に対する関係性のあり方の2軸に基づいて，実際に学生が享受する文化の4類型を設定している。

　「学問文化」このタイプの文化を主として享受する学生は，熱心に勉強してよい成績を取ろうという動機付けをもっている。しかし，この学生文化は，教授の提供する学問と親和性があり，教授との交流に積極的であるが，少数派の学生文化であるといえる。

　「遊戯文化」このタイプの文化を主として享受する学生は，大学が提供する学問や真理の探究などといった本来の大学教育の目的には関心をもつことの少ない，キャンパス内での交友関係に意義を見出す学生文化である。

　「職業文化」このタイプの文化を享受する学生は，大学自体への愛着も大学の提供する学問や真理の探求に関心がなく，自分の就職のために，必要な技能の習熟に関心が向けられる学生文化である。

　「非順応文化」このタイプの文化を享受する学生は，大学への愛着は弱く，時に自分の大学に批判と敵意をもつ一方，大学外の集団や思想に傾倒し，行動する学生文化であり，美術・文学・政治・演劇などを志向する学生に多い文化である。

　以上のような学生文化の類型は，1960年代の米国の大学文化をベースにして

提案されているために，今日の日本の現状にはあまり適合しない側面がある。

特に，「職業文化」がカレッジとの同一視が少ない点はうなずけるとしても，知的包絡が少ないという位置づけは，日本の今日的観点からすれば肯定しづらいだろう。具体的には，外国語修得や資格試験や各種技能資格を目指した活動を優先した学生生活を思い浮かべるとよい。これらの学生文化は今日的基準からいえば知的包絡が少ないとは言いがたい。1960年代米国のアカデミズム中心の学生文化から見ると，知的包絡の少ない文化にシフトしていると見なされるかもしれないが，こうした修正は必要になる。

また「非順応文化」の内実も「怒れる若者」の時代，1960年代の学生文化を反映して政治的過激派をイメージしているようにみえる。しかし，これも今日の日本の学生文化全体を見ると，明らかに少数派である。したがって，これも今日の日本の現実に合わせて考えれば，大学に同一視せず，知的包絡もないアルバイトに専念する学生が，最も典型的な学生像として思い浮かぶだろう。

こうした日本の現実に合わせて，クラークとトロウの学生文化類型を修正したのが，図表2-5のような坪井の学生文化類型の図式（坪井，1994）である。

図表2-5　学生文化の類型（坪井修正）

（＋）知識・知性への関心度（－）

	（＋）知識・知性への関心度	（－）
（＋）大学への同一視（－）	①学問型文化	②遊び型文化
	③職業型文化	④非順応文化

出典：坪井健（1994）『国際化時代の日本の学生』学文社，p.48

この学生文化の4類型の2つの基軸の設定基準は，クラーク＆トロウと同じである。ただし，具体的な学生文化類型の設定が異なっている。

ひとつは「知識・知性への関心度」の位置づけである。クラーク＆トロウは

「職業文化」を，知的関心の少ないタイプに分類していたが，アカデミックな学問的関心とは結びつかない技術的知識（語学・資格・技能等）の修得も，現在の大衆化された大学の基準で判断すると広義の「知的関心」に含めてよいだろう。

　もうひとつは「大学への同一視」の位置づけである。クラーク＆トロウは「非順応文化」を政治・思想・芸術活動を非順応文化と位置づけ「大学への同一視」の少ないタイプの典型としていた。しかし，政治活動が学生文化から消えた今，こうした活動を典型とする「非順応文化」とするのは適切とは思えない。これらの活動には学内の文芸サークル活動のような広義の知的活動に含まれる場合もあるので，今日の日本には適合的ではない。

　先ほど指摘したように，日本の「非順応文化」の典型はアルバイトである。日本の学生の80％が何らかのアルバイト体験をしている実態を見ると，アルバイトは今日の学生のキャンパスライフを語る意味でも不可欠な要素を占めており，学生文化全体の大きな部分を占めている（武内，2003）。この点を見過ごすわけにはいかないだろう。

　筆者は，こうしたクラーク＆トロウの学生文化の修正図式を利用して継続して日本の学生文化を測定してきた。以下，その結果から日本の学生の特徴的傾向を探っていきたい。

第3節　学生文化の4類型による日本の特徴と変化

　1989年，筆者はアジア青年文化調査を実施した[1]。この調査は，日本（東京）のみならず，台湾（台北），韓国（ソウル）の大学生対象の調査である。この調査ではじめて学生文化4類型による調査を実施したが，その結果が図表2-6である。

　この結果を見ると，当時日本の学生文化の中心は「遊び型文化」（61.0％）であることが明確に読み取れる。それに対して近隣の台湾・韓国では「遊び型文化」（台湾：5.7％，韓国：26.1％）より，「学問型文化」（台湾：42.6％，韓国：

図表2-6　日本・台湾・韓国の学生文化の比較

	日本（N＝352）	台湾（N＝352）	韓国（N＝352）
学問型文化	16.8%	42.6%	30.8%
遊び型文化	61.0%	5.7%	26.1%
職業型文化	12.8%	41.7%	30.1%
非順応文化	7.1%	10.0%	10.1%

出典：アジア青年文化調査，1989

30.8%）や「職業型文化」（台湾：41.7%，韓国：30.1%）の方が圧倒的に主流を占めていることがわかる。日本では，それが16.8%（学問型文化）と12.8%（職業型文化）であることを見れば，その違いの大きさがはっきりしている。

学生文化類型の仮説フレームに基づいて解釈すれば，台湾と韓国では学生の「大学への同一視」の多少にかかわらず，今日的意味での知的関心の多い「学問型文化」や「職業型文化」を享受する学生が大多数を占めていることを示しているのに，日本では，当時「勉強しない大学生」と非難された学生イメージを地で行くように，知的関心をもたない「遊び型文化」を享受している学生が多数を占めていたことになる。

しかし，彼らも知的関心をもたないながらも，「大学への同一視」だけは堅持していたのであり，大学への同一視を欠如した「非順応文化」を享受していたわけではない。つまり，具体的なイメージとして当時の学生像を描くと，勉学や資格取得などにはあまり熱心ではないが，キャンパス内でサークル活動や交遊に興じて青春を大いに楽しんでいたというべきであろう。

こうした日本の「遊び型文化」を中心とする学生文化も，1990年代以降は，1991（平成3）年大学設置基準の大綱化などをきっかけとして大学改革の動きの活発化に呼応して変化しはじめる。各大学は一層競争環境下に置かれ，大衆化した学生に寄り添う姿勢，授業重視の姿勢を強めていった。具体的には講義内容や成績評価の明確化（シラバス作成），学生による授業アンケートの実施などに現れるが，大学教育の姿勢の学生本位への変化は，大綱化とともに，各大学に義務づけられた第三者評価の導入義務，自己点検・評価項目によって，否

応なく強化されるようになった[2]。

　実際，学生文化に関するその後の継続調査では，日本では「学問型文化」を享受する姿が少しずつ増加する傾向が見られる。図表2-7は，1989年調査と同じ質問項目で，筆者が中心になって2010年までの21年間，計4回に亘って実施した学生調査に見られる日本の学生文化の推移である。調査年度によって調査対象は少し異なっているが，いずれも首都圏の4年制大学における学生調査である[3]。

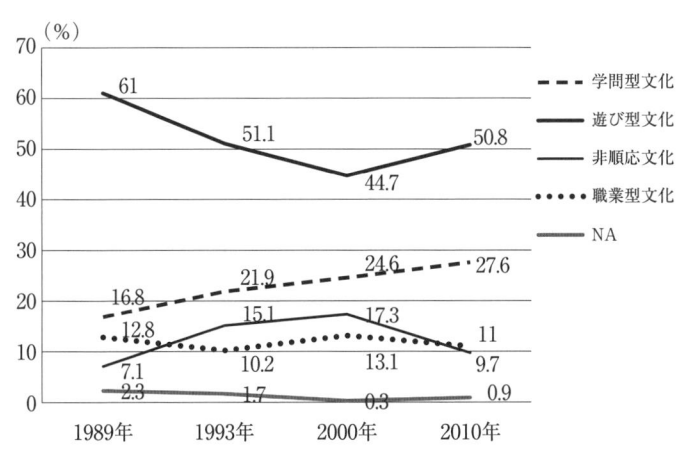

図表2-7　日本の学生文化4類型の推移

```
（％）
70
60   61
                                              学問型文化
50        51.1                        50.8    遊び型文化
                     44.7                     非順応文化
40                                            職業型文化
                              24.6    27.6    NA
30           21.9
20   16.8             15.1    17.3
     12.8                             11
10    7.1    10.2     13.1    9.7
      2.3     1.7      0.3     0.9
 0
    1989年  1993年   2000年   2010年
```

（注）　原資料は，坪井健（2012）『アジア学生文化の変容に関する国際比較研究』他

　その結果を見ると，「遊び型文化」が依然として一番多くを占めるが，その「遊び型文化」も1989年の61％から2000年までは44.7％と下降線を辿り，直近の2010年に50.8％と93年水準に逆戻りしているが，それでも1989年と比較すると「遊び型文化」を主として享受する学生は10％近く少なくなっている。

　他方，「学問型文化」は1989年16.8％しかなかったが，21.9％（1993年），24.6％（2000年），27.6％（2010年）と増加しており，1989年調査と比較するとこれも10％以上増加している。学生は「遊び型」から「学問型」にシフトする

傾向がある程度見られる。

その他，ここで「職業型文化」と呼ぶ学外で資格や技能を磨くダブルスクール型の学生は若干の変動は見られるが，この21年間に大きな変化は見られない。アルバイトなど学外の活動中心の「非順応文化」も1989年7.1％から2000年17.3％へ10％程度増加しているが，2010年9.7％と1989年水準に低下していることがわかる。

第4節　国際比較から見た日本の学生文化

こうした日本の学生文化が，世界と比較してどんな違いがあるか，筆者が行ったアジア学生文化の比較調査の結果から検討してみよう。上記の学生文化類型で，特に「学問型文化」と「遊び型文化」に注目して，その推移を検討すると，アジア学生文化は日本の「遊び型文化」中心とする学生文化の一極と中国の「学問型文化」を中心とするもう一極の二極に分かれる傾向が見られた。筆者はこうした傾向を「アジア学生文化の二極化収斂仮説」と呼んでいる。

その「アジア学生文化の二極化収斂仮説」を調査データから検討すると，図表2-8のようになる。

この図表を見るとわかる通り，日本の学生文化は，近年，大学の教育的機能の強化によって「学問型文化」が幾分増加する傾向を示しているが，それと対称的に台湾，タイの学問型文化が緩やかな減少傾向を示して日本の比率に近づく傾向が見られる。

韓国は2000年調査では「学問型文化」が一時増大し中国に近づくように見られたが2010年調査では再び日本に近づき，結果的に日本，台湾，タイ，韓国の学問型文化の比率が近接した。日本27.6％，台湾29％，タイ40.8％，韓国39.8％で，その差が23.9ポイントから13.2ポイントまで縮まっている。

中国の学問型文化の比率も上昇，下降変動しているが，62.4％，88.6％，70.5％と高い比率を示していて，他の4か国と30ポイント近い差がある。中国と他の4か国との間の差違は依然非常に大きいといわざるをえない。

第2章　日本の大学と大学生文化

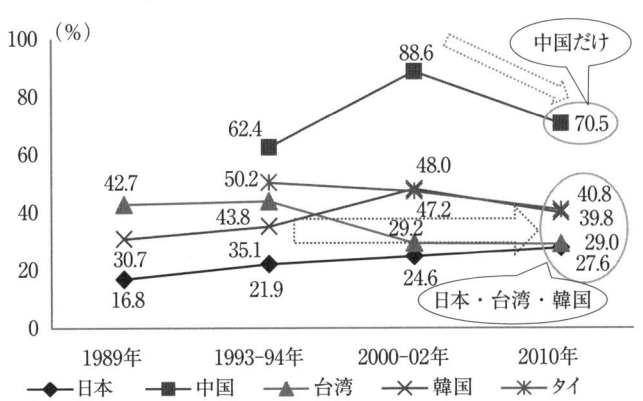

図表2-8　学問型文化の5ヵ国の推移

```
          1989年   1993-94年   2000-02年   2010年
日本       16.8     21.9        24.6       27.6
中国                62.4        88.6       70.5
台湾       42.7                 (43.8)     40.8
韓国       30.7     50.2        48.0       29.0
タイ                35.1        47.2       39.8
```
（中国だけ / 日本・台湾・韓国）

出典：坪井健（2012）『アジア学生文化の変容に関する国際比較研究』p. 46

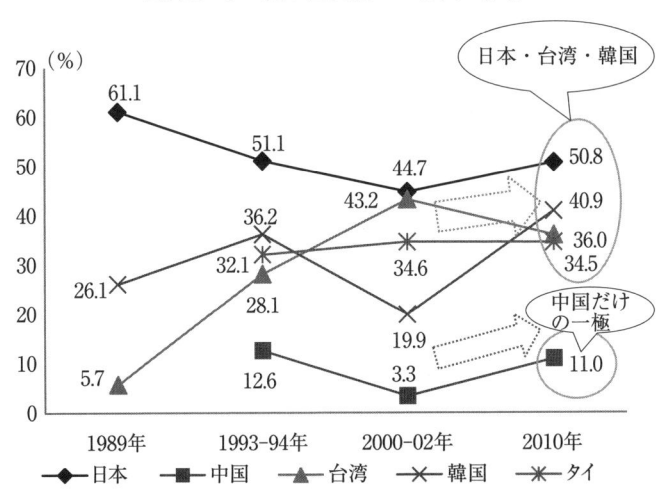

図表2-9　遊び型文化の5ヵ国の推移

```
          1989年   1993-94年   2000-02年   2010年
日本       61.1     51.1        44.7       50.8
中国                12.6        3.3        11.0
台湾       5.7      28.1        43.2       36.0
韓国       26.1     36.2        19.9       40.9
タイ                32.1        34.6       34.5
```
（日本・台湾・韓国 / 中国だけの一極）

出典：図表2-8に同じ，p. 47

　他方で，図表2-9から「遊び型文化」の推移をみてみよう。

　1989年，日本の学生文化は極端な「遊び型文化」に集約されていたが，その後徐々にその比率を低下させる一方，台湾，タイが「遊び型文化」の比率を高め，2000-02年調査では日本と台湾は1.5ポイント差しかなくなった。韓国は

53

2000-02年には，「遊び型文化」が36.2％（前回1993-94年）から19.9％へ，16.3ポイントも減少し，中国の3.3％に近づく傾向を示していたが，2010年には40.9％と急上昇し，「遊び型文化」は日本の50.8％に次ぐものとなった。台湾36％，タイ34.5％と，この4か国が16.3ポイント差でひとつのグループをつくり，中国11％とは明らかな差違が見られる。

　以上のように，「学問型文化」の推移と「遊び型文化」の推移を総合的にみて解釈すると，明らかに日本を中心とする学生文化（「遊び型文化」）と中国を中心とする学生文化（「学問型」）の2つのグループに分かれる傾向を示していることがわかる。

　こうした傾向がどうして生じているかを明らかにするために，改めて詳細な分析が必要となるが，背景のひとつには，高度情報化社会と高度消費社会の進展による若者文化と学生文化の融合があると考えられる。アジア諸国における近年の進学率の上昇は，エリート学生文化を消滅させ，大衆学生文化を産み出した。そこに高度消費社会が進展し学生を若者消費文化の主要な担い手に仕立て上げた。その結果，若者文化＝学生文化という構図が生まれ，遊びを中心とする消費文化が学生文化の中核を占めるようになったと考えられる[4]。

　高度情報化社会は，それを一層進展させる触媒の役割を果たし，学生文化が大学文化の枠組みをはみ出して拡大し，自立化する傾向を強めていると見ることもできる。

　では，中国の場合はどうかというと，社会の変化の基本的枠組みは，日本や台湾などと変わらない。つまり高度消費社会と高度情報化社会の進展については同じ傾向があるが，中国の大学文化は，エリート学生文化から急速に大衆化したために，キャンパス内に学生文化を醸成する土壌があまりない。大学は学問する場所という観念が支配しており，サークル活動などの大衆大学の伝統がないままに，今日まで急速に高等教育の拡充を図ってきた。それに見合う大学卒業生の就職先があればいいのだが，中国の場合，大卒人材の供給過剰による就職競争が顕著であり，その実態は日本や台湾の比ではない。地方出身学生の就職活動の様子は「蟻族」[5]としてもよく紹介されている。

韓国も1997年の通貨危機による「IMF危機」[6]といわれる経済状況の際には，就職口にありつけない大学生が大量に発生した。そのために学生は学生文化を「遊び文化」として楽しむどころではなかったと思われる。われわれの2000年調査でも，それまでの傾向を反転させて「学問型文化」の増加，「遊び型文化」の減少という傾向がみられた。現在も韓国の就職事情は日本以上に厳しいが，中国のいわゆる「蟻族」と呼ばれる厳しい大卒就職状況ほどではないといえるかもしれない。

いずれにしても，こうした高度消費社会と高度情報化の経済社会の発展によって，学生が享受する大衆文化がグローバル化し，アジア地域全体の学生に通底する共通の文化領域が拡大し生活態度が類似化すると，必然的に相互理解し易い土壌が生まれる。

現在でもすでに，学生同士が相互交流してみるとわかるが，マンガ・アニメ・TVドラマ・映画・音楽・ファッションなどのジャンルでは，国籍や言語を越えて共通に語られる話題が多いことに気づくだろう。

しかし，そうしたアジア学生文化の共通項が増えてくると，意外にも見落とされるのが，知られざる日本に固有の学生文化である。

以下，筆者のアジア学生調査から日本学生に見られる特有の文化のいくつかを，アジア学生文化と比較しておきたい。

第5節　特徴的な日本の学生文化

1　自主学習時間

1980年代に「勉強しない大学生」「レジャーランド化した大学」などと揶揄され，その後1990年代からの大学改革によって第三者評価制度の導入で「学生による授業評価」が一般化し，教育重視の大学にシフトしたが，学生が自主的に勉強する仕組みが，実際どれほど効果を上げているかは定かではない。

1990年に学生援護会が行った日米大学生調査結果によると，平均的な1週間

の自主学習時間は日本1.8時間,米国7.5時間という4倍の開きがあった。当時の教育制度では,学期中に課題レポートなどを課すことの多い米国と期末試験のみで成績評価することの多い日本の違いも背景にあったと考えられる(坪井,1999)。

では現在はどうか。先に紹介した筆者の継続調査でも自主学習時間を調べているのでそれを見ると,日本人学生の自主学習時間の結果は図表2-10のようになっている。

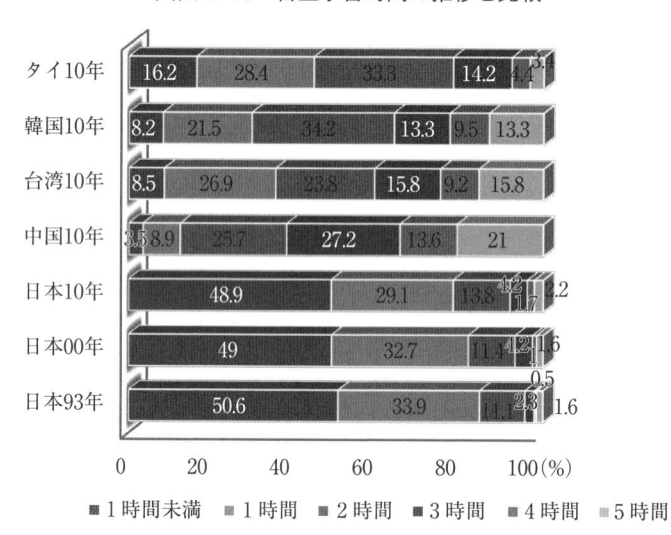

図表2-10 自主学習時間の推移と比較

	1時間未満	1時間	2時間	3時間	4時間	5時間
タイ10年	16.2	28.4	33.3	14.2	4.4	3.4
韓国10年	8.2	21.5	34.2	13.3	9.5	13.3
台湾10年	8.5	26.9	23.8	15.8	9.2	15.8
中国10年	3.5	8.9	25.7	27.2	13.6	21
日本10年	48.9	29.1	13.8	4.2	1.7	2.2
日本00年	49	32.7	11.4	4.2	1.6	
日本93年	50.6	33.9	11.2	2.3	0.5	1.6

図表には,1993年調査から2010年調査まで,3回の日本人学生調査の結果と2010年のアジア学生調査の結果を示したが,これを見ると日本人学生の大半は「1時間未満」か「1時間」程度の自主学習時間である。この両者で80%前後を占めている。しかし,その割合は93年(50.6+33.9=84.5%)から2010年(48.9+29.1=78%)まで,若干減少傾向を示していることが読み取れる。1990年代からの大学改革が若干効果を上げているようにも見えるが,先の学生援護会の調査と大差ない。「勉強しない」日本の大学生イメージを払拭できる結果

とは言いがたい。

　図表では，アジア諸国の大学生と比較した結果も示したが，「1時間未満」「1時間程度」の合計は，中国では13.4%，台湾35.4%，韓国29.7%，タイ44.6%である。日本の78%のように圧倒的多数を占めている国はどこにもない。

　逆に3時間以上の自主学習時間の合計を比較してみると，日本8.1%，中国61.8%，台湾40.8%，韓国36.1%，タイ22%である。週3時間以上自主学習する日本人学生は1割にも満たないことになる。中国学生の6割が週3時間以上自主学習する姿と比較すれば，その差は顕著である。

　いずれにしても日本人学生の特質として，「勉強しない学生」像は依然として払拭しきれていない。

2　アルバイト文化

　さらに日本の学生文化で特徴的なのはアルバイトである。学業の合間にアルバイトをしながら学生生活できるのが日本である。日本の学生アルバイトの経験率は9割，アルバイトをしながら大学生活をするのは日本の常識であるが，これは世界の常識ではない。

　図表2-11を見てもらいたい。日本では1日平均4時間以上アルバイトする学生が37.7%である。他の4か国では，台湾の19.8%が最も多く，韓国11.2%，タイ4.6%，中国1.2%。つまり，学生文化としては他の4か国ではアルバイトは例外的であるのに，日本ではアルバイトは学生文化の重要な一角を占めていることを示している。

　ただし，アルバイトをする日本の学生が学費と生活費のすべてをアルバイトで賄っているかというと，必ずしもそうした学生は多くない。学費はもっぱら親に依存するのがほとんどで，アルバイトで稼いだ収入は，通信費や交遊費などの自身の消費生活につぎ込んでいる。いわゆる小遣い稼ぎであり，アルバイトをすればするほど豊かな消費生活を楽しめるのが，日本の学生である。そこにはアルバイトで生活費を稼ぐ「苦学生」のイメージはない[7]。そうした苦学生イメージは，中国人留学生などの一部の外国人留学生イメージである。

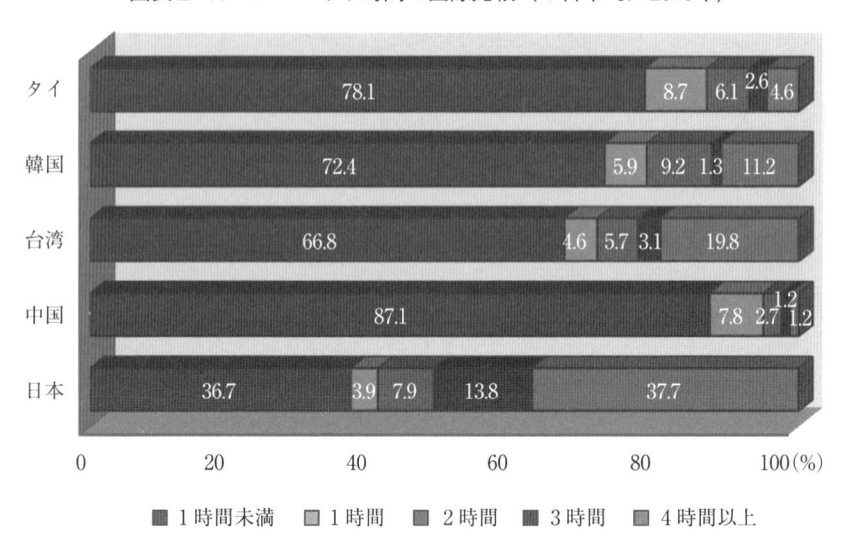

図表2-11　アルバイト時間の国際比較（1日平均／2010年）

	1時間未満	1時間	2時間	3時間	4時間以上
タイ	78.1	8.7	6.1	2.6	4.6
韓国	72.4	5.9	9.2	1.3	11.2
台湾	66.8	4.6	5.7	3.1	19.8
中国	87.1	7.8	2.7	1.2	1.2
日本	36.7	3.9	7.9	13.8	37.7

　日本では，アルバイトで時給800円から1000円近く稼げるが，アジア諸国では，多くても日本円に換算して時給300円程度である。これでは金銭的稼ぎを目的にアルバイトをする気にならないし，生活費を稼ぐこともできない。アジア諸国には，日本ほど学生アルバイトに依存した産業構造が発達していないことも理由である。日本ではコンビニエンスストアーや居酒屋，ファミリーレストランなどのサービス産業では，アルバイト従業員抜きでは経営がなり立たない産業構造になっている。

　それを示す象徴的事件が，2011年3月東日本大震災で明らかになった。震災で大量の中国人留学生が母国に一時帰国するという事態になって，都心の居酒屋チェーン店など中国人留学生に依存していた多くの飲食店が，いくつも臨時休業に追い込まれた。こうした休業状態の店が数多く見られたことは，それだけ外国人留学生の労働力に外食産業が依存していたことを示しているが，見方を変えると，彼らが学業とともにアルバイトができることで，留学生活を維持するための収入を確保できることを示している。彼らにとっては，アルバイトで生活費を稼げることは，日本の奨学金制度の貧困を補う意味で日本留学の魅

力のひとつともなっている。

3 おしゃれ文化

もうひとつ日本の学生文化で象徴的なものは「おしゃれ文化」である。特に女子学生の多くは当たり前のように化粧をしている。図表2-12を見てもらいたい。これは「化粧をする」女子学生の国際比較である。日本では「よくする」学生は69.6%であるが，中国では逆に，62.7%が「全くしない」と回答している。日本に比較的近いのは「よくする」56.5%の韓国である。日本の学生文化に比較的近い台湾でさえも「よくする」17.4%しかなく，「全くしない」が36.6%で中国についで多く，タイは「全くしない」19.9%程度であり，「よくする」30.4%は，日本，韓国に次いで多くなっている。

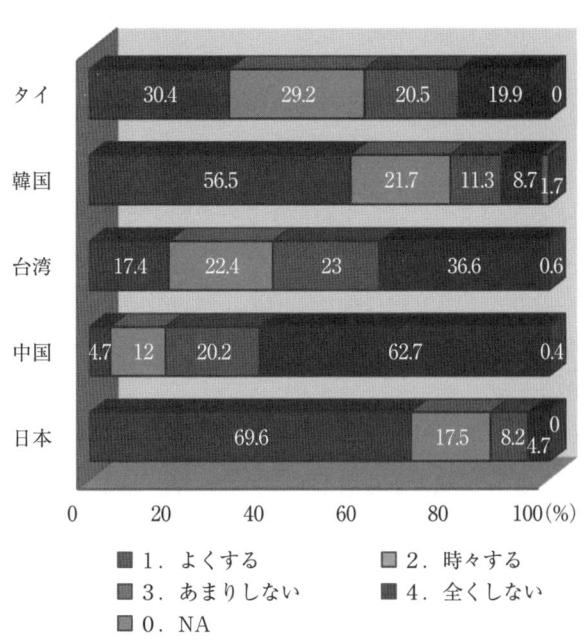

図表2-12 「化粧をする」女子学生の国際比較（2010年）

	1. よくする	2. 時々する	3. あまりしない	4. 全くしない	0. NA
タイ	30.4	29.2	20.5	19.9	0
韓国	56.5	21.7	11.3	8.7	1.7
台湾	17.4	22.4	23	36.6	0.6
中国	4.7	12	20.2	62.7	0.4
日本	69.6	17.5	8.2	4.7	0

しかし，言うまでもなく学生文化と化粧文化は，本来は別のものである。
　大学キャンパス内に，学生らしさの中核である「学問文化」と，若者の消費文化である「おしゃれ文化」や「化粧文化」が，これだけボーダレスに入り込んでいる国はアジア地域では見られない。
　おしゃれ文化や化粧文化で，日本の学生文化に近い韓国の場合は，厳しい就職戦線を勝ち抜く「スペック」を上げるための戦略的要素にもなっており，日本とは事情が少し違うが，日韓で通底する民族文化があるのかもしれない。
　中国学生の場合は，「おしゃれ文化」が見られないし，特に化粧する女子学生も少ない。一般的に学生らしい質素な装いである。これは中国大陸も台湾にも共通しているので，中国人のメンタリティが反映されているのかもしれない。
　それに対して東南アジアのタイの大学キャンパスの雰囲気は，明らかに街角の雰囲気とは異なっている。大学生は白いブラウスに黒いスカートや黒ズボンというのが一般的である。基本的に大学にも制服があり日本の高等学校の生徒のように見える。彼らも休日や町に遊びに行くときはおしゃれして出かけるので，制服姿はキャンパス内だけである。女子学生も学内ではあまり化粧をすることはない。
　以前，カンボジアの大学で日本語科の教師が筆者に語った逸話は興味深かった。それは日本語科の学生の服装や髪型などの風紀が一番乱れていると，学部長から叱られるというのである。日本語科の学生は，日本の雑誌やメディア情報で日本の学生文化や若者文化に触れる機会が多いので，日本の学生文化や若者文化に一番同化しやすいし染まりやすい。それがカンボジアの大学のキャンパス文化を乱しているというわけである。
　しかし，これらのおしゃれ文化や化粧文化の学生文化への流入は，大学特有の「学生文化」がキャンパスから消えて，若者の「消費文化」が大学内に浸透した証拠でもある。都会の繁華街を闊歩する若い女性の姿と大学のキャンパス内を闊歩する女子学生の姿に違いがみられないのは，日本では当然視されるが，日本以外のアジア諸国では違うのが普通である。

おわりに－自信のない日本の学生とグローバル化のすすめ

　最後にもうひとつ，日本学生の特筆すべき特徴について述べておきたい。「自信のない日本の学生像」であり，これが今日では定着した日本人学生像になっている。

　図表2-13は，「自分の生き方に自信がもてるか」どうかを4件法で尋ねた質問への各国の回答結果である。「自信がもてる」という肯定的回答を「その通り」と「やや近い」という回答を加算して比べてみると，日本は32.8％で最も少ない。他は韓国55.7％，台湾58.6％，中国74.7，タイ86.5である。日本は自分の生き方に自信がもてるという回答が3分の1程度であるのに，韓国，台湾は過半数あり，中国，タイでは，4分の3程度かそれ以上の学生が自分の生き方に自信を持って生きていることになる。

　日本人学生はどうしてこのように自分の生き方に自信をもっていないのか。いくつかの理由が考えられる。ひとつは，別の調査結果でも見られるが，日本

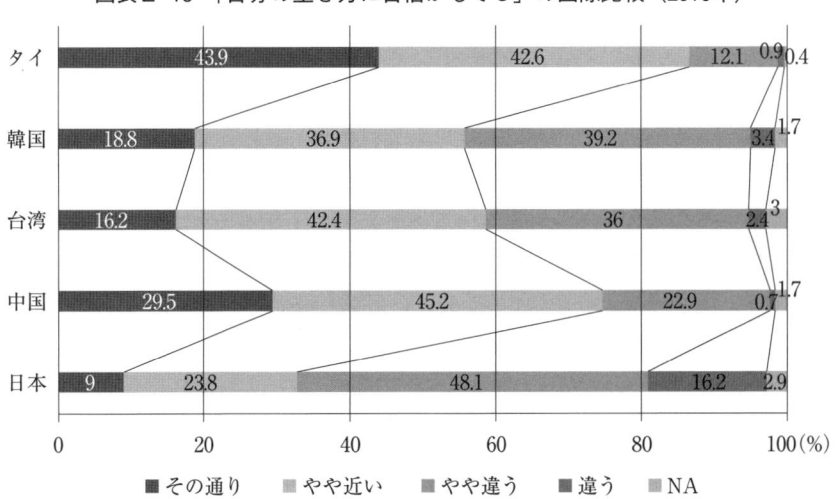

図表2-13　「自分の生き方に自信がもてる」の国際比較（2010年）

国	その通り	やや近い	やや違う	違う	NA
タイ	43.9	42.6	12.1	0.9	0.4
韓国	18.8	36.9	39.2	3.4	1.7
台湾	16.2	42.4	36	2.4	3
中国	29.5	45.2	22.9	0.7	1.7
日本	9	23.8	48.1	16.2	2.9

の学生は将来に夢を描けていない学生が多く，不安感が大きいことが挙げられる。現在の生活に対して確固たる展望が開けない生活を過ごしている日本人学生が多くいることは確かである。そうした茫漠たる不安感が自信を失わせる根拠として挙げられる。こうした解釈も決して誤りではないだろう。しかし，ここではもうひとつの解釈可能性に注目しておきたい。

　こうした「自信喪失」の否定的自己概念は大学生に限らず，日本では中高生にも見られる現象である。日本青少年研究所が日米中韓の4か国中高生を対象とした調査でも「自分はダメ人間だと思う」という質問に4件法で尋ねた結果，「とてもそう思う」「まあそう思う」という割合が，日本では中学生65％，高校生65.8％で，3分の2程度の中高生が「ダメ人間」と思っている。日本に次いで多い韓国でさえも中学生41.7％，高校生45.3％であり半数に満たない。米国，中国は中高生ともに20％程度かそれ以下である[8]。

　ただし，こうした調査結果は，近年，特に顕著に見られる傾向とは言いがたい。石川准（1992）が，1991年に日米大学生に「体力」「責任感」「異性にもてること」「性格の良さ」など20項目を挙げて，その自信度の有無を尋ねた結果，日本人学生は「自信あり」と回答したのは平均4.2項目だったのに対して，アメリカ人学生は平均14.1項目に「自信あり」と回答したという。筆者はこれと同じ調査をその後何度か所属大学で実施しているが，筆者の2002年調査でも日本人学生の平均は4.1項目でほぼ同じであった。

　こうした結果を日本人学生の自信のなさの現れとしてストレートに解釈してよいかどうかは疑問である。石川もいうがこの調査で測った結果は，「自信」の程度そのものではなく，「自信の表現」を測っている可能性もある（石川，1992）。つまり，自信過剰に振る舞う米国人学生と自信なさそうに謙虚に振る舞う日本人学生の違いの測定かもしれないという疑問である。この解釈が正しいとすれば，この調査で測定しているのは，大学生個人の特性そのものではなく，大学生が身につけている文化度を測っていることになる。

　実は，日本文化の特質として自己卑下傾向を挙げる研究は数多くある（増田・山岸，2010ほか）。こうした文化的特質を前提にすると，日本の大学生や中

高生がなぜ一貫して「自信のなさ」「ダメ人間」であると回答する傾向が強いかがわかる。一貫した調査結果は日本文化が持続的に再生産されていることを示しているだけかもしれない。

こうした解釈可能性の正しさを検証するためには，米国に留学している日本人学生と日本に留学している米国人学生を調査してみることであろう。その結果，それらのデータが示す値が日米大学生調査の中間の値を示すようであればより確かになる。日本文化を受容した米国人学生と米国文化を受容した日本人学生が測定されたことになるからである。

ここでの教訓は，国際比較調査では調査結果を単純に個人データとして読み取るだけでなく，常に文化的バイアスを考慮しつつ読み取る必要があるということである。

同時に，これから日本にとどまらず多文化の世界で生きるためには，文化という文脈をしっかり自覚して自己呈示するすべを身につけておくことが，異文化コミュニケーション作法として重要なたしなみになることも示している。人はそれぞれの文化の中で生き，それぞれの文化の中で自己を表現している。自文化の中では，そうした自己呈示が正しく自分の意図通りに解釈されても，異文化では必ずしも自分の意図通り正しく理解されないことがある。

日本人学生が自信なさげに振る舞うことは，日本文化の中では謙虚さの表現として理解されても，異文化ではストレートに能力のない人間という異なる文脈で意味解釈される可能性があることを常に考慮しつつ自己呈示する必要がある。

グローバル化時代は多文化が交差する時代である。こうした多文化を生きるためには，自らが生きている文化的世界をしっかりと相対化して捉え，自文化の中での自らの立ち位置を確かめつつ，異文化と正しく付き合うために事前トレーニングを積むことが必須要件になるだろう。

それは日本の大学生の立ち位置とその文化的背景に対する理解についても同じである。「井の中の蛙，大海を知らず」ではグローバル化時代の学生生活の未来を描くことはできない。

第 1 部　日・米・韓の大学国際化政策と学生の意識

　ところが文部科学省の調査によると，2004年に 8 万 3 千人をピークに日本人の海外留学の減少傾向が続き，2010年には 5 万 8 千人まで減少したという。90年代には世界最多だった米国への留学生数も，2011年度には 2 万人で 7 位，1 位の中国の 1 割程度になっており，サウジアラビアや台湾より少ない。こうした若者の「内向き志向」の実態はグローバル化時代のわが国の成長戦略としても好ましいとは言いがたい。

　政府は海外でも働ける「グローバル人材」を育てる政策として，海外留学する若者を民間企業と協力して経済的に支え，海外留学を12万人に増やす計画を打ち出そうとしているが，日本の若者のグローバルな自我形成のためにも，日本社会のグローバル戦略のためにも必要な施策であろう[9]。

　ともあれ，本稿が日本学生全体の立ち位置の一端を知る手がかりになり，学生の国際志向向上の一助になれば幸いである。

注
1)「アジア青年文化調査」(1989年) の結果の詳細は，坪井 (1994) を参照のこと。
2) 文部科学省「【6. 高等教育の質の保証システムの構築】関連　自己点検・評価と認証評価制度について」文部科学省 Web サイト参照。
http://www.mext.go.jp/b_menu/shingi/chukyo/chukyo4/gijiroku/03062701/002/024.pdf
3) この調査については，坪井 (2012) を参照のこと。
4) 詳細は，坪井 (2012) を参照のこと。
5)「蟻族」とは，高学歴の大卒者がそれにふさわしい就職口にありつけず，地下室で生活しながら就職活動する若者の様子を，地下生活するアリになぞらえたもの。廉思とその研究グループの同名の著書に由来する。邦訳は廉思 (2010)。
6)「IMF 危機」とは，1997年に生じたアジア通貨危機に際して，韓国では IMF (国際通貨基金) の資金支援を受けて財政再建を実施した。それを韓国では「IMF 危機」という。
7) ただし，私大教連の調査 (2009年) によると，首都圏私大生の生活費は1986年以降最低になり，学生のアルバイト依存率が高まっているという。(『読売新聞』2010年 4 月 8 日朝刊より)

8)『朝日新聞』2009年4月5日朝刊
9)『朝日新聞』2009年5月18日朝刊

<参考文献>
天野邦夫（2009）『大学の誕生（上）―帝国大学の時代』中公新書
新井克弥（1993）「情報化と若者の描かれ方」小谷敏編『若者論を読む』世界思想社
石川准（1992）『アイデンティティ・ゲーム―存在証明の社会学』新評論
学生援護会編（1990）『日米大学生の生活実態と意識に関する調査』学生援護会
草原克豪（2008）『日本の大学制度―歴史と展望』弘文堂
武内清他（1998）「学生文化の規定要因に関する実証的研究―15大学・4短大調査から」『広島大学 大学研究センター大学論集』29号，広島大学 大学教育センター
武内清編（2003）『キャンパスライフの今』玉川大学出版部
武内清編（2005）『大学とキャンパスライフ』上智大学出版
武内清他（2007）『現代大学生の生活と文化―学生支援に向けて』（平成16～18年度文科省研究補助金＜基盤研究Ｂ＞研究代表武内清）上智大学総合人間科学部教育学科
田中康夫（1985）『なんとなく，クリスタル』新潮文庫
坪井健他（1994）『学生の国際交流とアジア青年文化の比較研究』（平成6年度科学研究費補助金＜総合Ａ＞研究成果報告書，研究代表坪井健）駒澤大学社会学科坪井健研究室
坪井健（1995）『国際化時代の日本の学生』学文社
坪井健（1999）「国際化と日本の学生―国際比較から見た日本人学生」日本社会・文化研究会監修，清水浩昭編『日本人と国際化』人間の科学社
坪井健（2012）『アジア学生文化の変容に関する国際比較研究』（平成23年度科研費研究＜基盤研究Ｃ＞研究成果報告書，研究代表坪井健）駒澤大学社会学科坪井健研究室
豊田有恒（2012）『韓国が漢字を復活出来ない理由』祥伝社新書
新堀通也編（1985）『現代のエスプリ，大学生―ダメ論をこえて』（NO.213）至文堂
増田貴彦・山岸俊男（2010）『文化社会学〔上〕』培風館
廉思，関根謙監訳（2010）『蟻族―高学歴ワーキングプア達の群れ』勉誠出版
トロウM.，天野郁夫・喜多村和之訳（1976）『高学歴社会の大学』東京大学出版会
間瀬七恵（2009）「多様化する現代大学生文化―学生文化類型尺度による検証」駒澤大学文学部社会学科社会学専攻『社会学卒業論文集―平成20年度坪井ゼミナール』駒澤大学文学部社会学科坪井健研究室

Baudrillard, J.（1970）*La Société de consummation.*（ジャン・ボードリヤール著，今村仁司・塚原史訳（1978）『消費社会の神話と構造』紀伊國屋書店）

Clark, B. R. & Trow, M.（1996）The organaizational context, in Newcom, T. M. & Millson, E. K.（eds.）, *College pepar group,* Aldin.

Reischauer, O. Edwin（1977）*The Japanese.*（エドウィン O. ライシャワー著，國弘正雄訳（1979）『ザ・ジャパニーズ』文藝春秋）

U. S. Deportment of Education：Japanese Education Today-U. S. Study of Education in Japan. Prepared by a special task force of the OERI Japan Study Term. 1987.

Vogel, E. Ezra（1979）*Japan as Number One.*（エズラ F. ヴォーゲル著，広中和歌子・木本彰子訳（1984）『ジャパン・アズ・ナンバーワン』阪急コミュニケーションズ）

第3章　日本人学生の内向き志向再考

　日本の若者は，海外への興味が薄れてきて「内向き化」しているという議論がメディアで盛んになり，大学だけでなく，官民を挙げてその対策に乗り出そうとしている。一方，日本の企業はグローバル人材を求め，国内で学ぶ外国人留学生だけでなく，海外にまで採用活動を拡大している。急速な経済のグローバル化と知識基盤社会の進展により，激しい競争にさらされ，生き残りをかける企業から見ると，残念ながら自国の学生は人材として物足りなく，外国人留学生ほど魅力的に映らないのかもしれない[1]。それでは，日本の学生（若者）は，本当に内向き化しているのだろうか。彼らは，グローバル人材になろうとしないのだろうか（なれないのだろうか）。本章では，まずグローバル人材とは何かについて示したうえで，日本人の海外留学者数の減少に端を発した若者の内向き化といわれる現象，およびその根拠について改めて考察してみたい。

第1節　グローバル人材とは？

　グローバル人材とは，そもそもいかなる資質や能力をもった人材を指すのか。経済産業省グローバル人材育成委員会は，日本の産業競争力の強化のために，社会のニーズに合ったグローバル人材を産学連携で育てる方策をまとめているが，その際「グローバル人材」の人材像について，以下のように定義している。

　　グローバル化が進展している世界の中で，主体的に物事を考え，多様なバックグラウンドをもつ同僚，取引先，顧客等に自分の考えを分かりやすく伝え，文化的・歴史的なバックグラウンドに由来する価値観や特性の差異を

乗り越えて，相手の立場に立って互いを理解し，さらにはそうした差異からそれぞれの強みを引き出して活用し，相乗効果を生み出して，新しい価値を生み出すことができる人材（経済産業省グローバル人材育成委員会，2010：31）

では，その人材に共通して求められる能力とは何か。それは，① 通常の社会人に求められる能力に加え，② 外国語でのコミュニケーション能力，③ 異文化理解・活用力の3つであるとしている。① については，「社会人基礎力（職場や地域社会の中で多様な人々とともに仕事を行っていくうえで必要な基礎的な能力）」として提唱し，(a)前に踏み出す力（主体性，働きかけ力，実行力），(b)考え抜く力（課題発見力，計画力，創造力），(c)チームで働く力（発信力，傾聴力，柔軟性，情況把握力，規律性，ストレスコントロール力）の3つの能力（12の能力要素）から構成されるとしている（経済産業省グローバル人材育成委員会，2010）。このようなグローバル人材の能力を身に付けるためには，海外留学が絶好の機会であることは，論を待たないであろう。

第2節　日本人の海外留学者の推移

日本の若者が内向き化している論拠として，まず挙げられるのが海外留学者数の減少である。経済協力開発機構（OECD）が集約した統計によると，全世界の留学生数は，1980年の110万人から2010年の410万人へと，過去30年間で4倍もの増加を示した（OECD, 2012）。しかしながら，日本人の海外留学者数は1999年の7.5万人から停滞傾向にあり，2004年に一旦8.3万人近くまで増加したが，それ以後は減少を続けている（図表3-1参照）。2010年の留学者数は5.8万人であり，2004年のピーク時に比べて30％も減少した（高等教育局学生・留学生課，2013）。

日本人の海外留学者を最も引き付けてきたのは米国だが，そこでの日本人留学者数の減少傾向は，さらに顕著である。1994年から98年までは，米国における留学生のうち，日本人の占める割合が第1位だったが，97年の4.7万人を

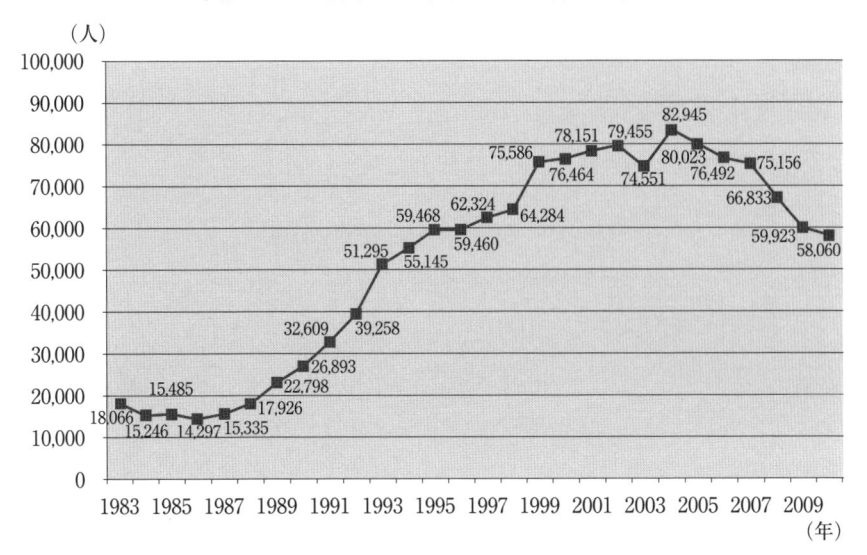

図表3-1　日本から海外への留学者数の推移

(注)　OECD、ユネスコ統計局、IIE、中国教育部、台湾教育部などの資料をもとに文部科学省が集計
出典：高等教育局学生・留学生課（2013）『日本人の海外留学者数及び外国人留学生在籍状況調査について』文部科学省

ピークに減少傾向をたどり、2004年（4.2万人）以降は一貫して減少している。特に2008年から10年にかけては、前年度比13.9％減、15.1％減、14.3％減と3年連続して大幅に減少した。2011年は2.0万人弱で第7位にまで後退し、97年のピーク時に比べて58％も減少したことになる（図表3-2参照）。

2010年における主要留学先別の日本人の海外留学者数をピーク時の2004年との比較で見ても、アメリカで学ぶ日本人の減少が顕著である（図表3-3参照）。この間日本人の海外留学者数は全体的に30％減少しているのだが、米国への留学者減少が50％とそれを大きく上回ることから、米国留学の敬遠、または海外留学先の多様化・分散化という言い方もできるであろう。

第1部 日・米・韓の大学国際化政策と学生の意識

図表3-2 米国におけるアジア主要国からの留学生数の推移

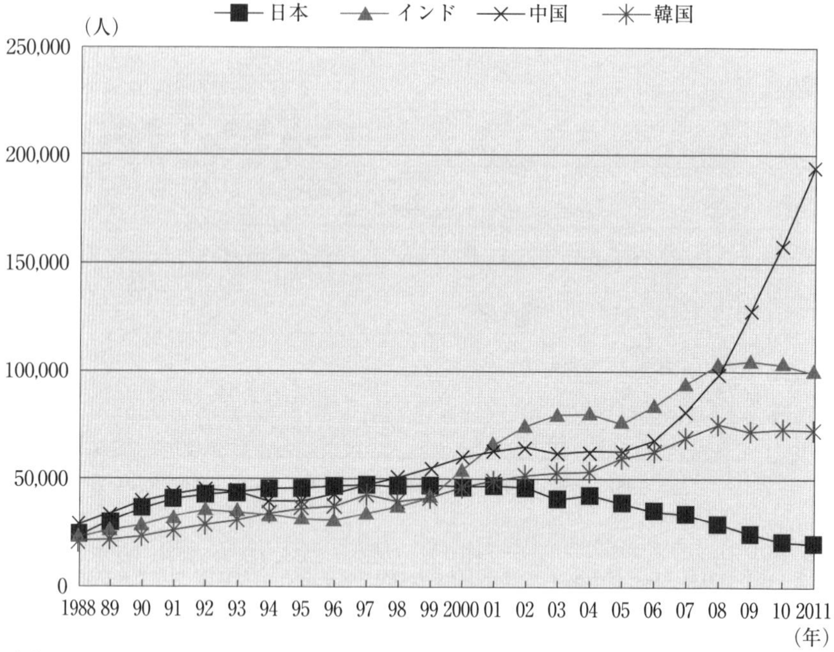

凡例：―■― 日本　―▲― インド　―✕― 中国　―＊― 韓国

出典：Institute of International Education（IIE）（2012）*Open Doors 2012*

図表3-3 主要留学先別の日本人留学生数（2010年）とその増減（対2004年比）

留学先	日本人留学生数	留学先	日本人留学生数
米国	21,290（−20,925）	カナダ	2,097　（+347）
中国	16,808（−2,251）	フランス	1,743　（−594）
英国	3,851（−2,544）	韓国	1,147　（+233）
オーストラリア	2,413　（−759）	ニュージーランド	988　（+75）
台湾	2,302　（+423）	その他	3,286（+1,522）
ドイツ	2,135　（−412）	合計	58,060（−24,885）

（注）　括弧内の数字は，日本人の海外留学者が最も多かった2004年から10年までの増減を示す
出典：複数年にまたがる OECD "Education at a Glance"，IIE "Open Doors" 等のデータを文部科学省が集計したもの

第3節　少子化と国内高等教育機会の拡大

　このような海外留学者数の減少については，内向き化というより，そもそも少子化で若者の数が大きく減少したことに起因している，という見方がある。18歳人口は1992年のピーク時には205万人であったが，その後減少し続け，2009年に121万人まで減り，それ以後は停滞している。ピーク時に比べると40％強減少したことになる。国内の大学進学年齢層が18歳から20歳代前半に集中していることに比べ，海外留学の年代層は20歳代から30歳代ぐらいまでにかけてと幅広いため，一概には比較できないが，少子化が海外留学者数減少の大きな要因であることは間違いないであろう[2]。加えて，1991年の大学設置基準の大綱化により，1992年には523校であった大学数が2012年には783校にまで増え（20年間で260校，92年比で50％も増加），短期大学を合わせると1,155校となった。これにより，大学と短期大学を合わせた収容力（大学と短大の総入学者数／大学と短大の総志願者数）は，1992年の67.0％から2012年には92.4％まで上がり，大学進学率も38.9％から56.2％へと上昇した（下村，2013）。特に前者の収容力が9割を超えたことを根拠に，「大学全入時代の到来」といわれるようになり，以前に比べると国内の大学は全体として入りやすくなっている。よって，入試難易度の高い大学にこだわらなければ，どこかの大学に入学できるような状況にあり[3]，ひと昔前のような，海外に行ってでも大学に進学するという雰囲気がなくなっている。

　しかしながら，海外留学の動向を東アジアの近隣諸国と比較してみると，違った構図が見えてくる。先述の通り，日本からの留学者数は2010年で5.8万人であったのに対し，人口が日本の半分弱である韓国の留学者数は，同年で25.1万人であった（韓国統計庁，2012）。単純に4倍強，人口比を考慮すると約8.6倍も韓国の方が多いことになる。台湾の人口は約2,300万人と日本の5分の1程度であるが，2011年の米国への留学者数は日本（19,966人）より多く23,250人であった（IIE, 2012）。少子化という点では，2010年の合計特殊出生

率を比較すると，韓国は1.23，台湾は0.90であり，日本の1.39よりも低い（内閣府，2012）。また，高等教育進学率についても，韓国（71％）や台湾（73％）は，日本（79％）と同程度である[4]。以上のことから，海外留学者数の減少を少子化と国内における高等教育の機会拡大だけで説明しようとすると，国境をまたぐ学生流動化の世界的な高まりという潮流に，日本が遅れていることがかえって明確になる。

　それでは，日本人学生の海外留学離れという現象をもたらした他の要因，いわゆる海外留学の阻害要因は何であろうか。このことについて考察する際，海外留学のタイプによって事情が異なることから，①大学在学中の海外（交換・短期）留学や海外研修，②学位取得を目指す海外留学，そして③これら2つに共通な事項の3つに分けて論じたい。

第4節　大学在学中の海外留学・研修に対する阻害要因

1　就職活動の早期化と長期化

　大学3年次の12月に企業側の採用に関する広報が始まり，4年次の4月から採用選考活動が始まる，という現在の就職活動の仕組みでは，在学中の交換留学（典型的なものは，3年次の秋から4年次の夏までの1年間の留学）はもちろんのこと，1か月程度の海外研修でも学生には抵抗感があり，留学経験を経て就職活動に臨むことは非常に困難な状況にある。また，就職活動時期が一昔前に比べて前倒しになっただけでなく，長引く不況による就職活動期間の長期化が，学生の就職への不安感をさらに募らせている。よって，学生は海外留学よりも，資格取得のための勉強や公務員試験対策を行うほうが現実的という判断をする傾向にある。いうなれば，留学が学生時代における活動の選択肢に入らなくなってきている。

　2016年卒の大学生からは，3年次の3月に企業側の採用広報が解禁，4年次の8月から選考活動が開始という日程に変更されるが，この程度の時期的なシ

フトが学生から解決策として認知され，留学に対するモチベーションを上げるとは考えにくい。日本型経営の特徴である新卒一括採用方式は，企業にとってコストを抑えられるなどの利点があるが，大学教育と学生に対する負の影響を招いている。その点を企業は直視し，大卒者採用方法の多様化を推し進めるべきであろう。

2　単位互換（認定）制度の未整備と学事暦の違い

　交換留学や短期留学を通して海外の大学で修得した単位が，日本の大学では認定されにくいという問題がある。文部科学省の調査によると，2009年に海外の大学との交流協定に基づく単位互換制度を導入している大学は，全体の33%であった（高等教育局大学振興課，2011）。また，制度があっても，海外の大学と単位の積算方法，授業時間数，評価基準が異なる，といった理由で，結果的に認定単位数が少なくなるという事態が起きている。さらに学生から見れば，自分の大学で提供されていない科目だからこそ，留学先で履修したいと望むが，そのような科目は互換できる科目が自大学にない，という理由で単位認定の対象外になることが多い。特に，私立大学に比べて留学制度の歴史が浅い国立大学では，単位認定の審査や手続きに柔軟性がないことが指摘されている。国立大学協会（2007）の調査では，約7割の国立大学が，「留学した学生は留年する可能性が大きい」と回答している。このような海外留学の成果が国内の大学で積極的に評価されていないという問題は，4年間で卒業したいという学生とその親の目にはハイリスクに映る。

　また，日本と諸外国の学事暦の違いも，在学中に海外留学や研修に参加することを阻む構造的要因になっている。最近は欧米だけでなく，アジア諸国でも数週間のサマープログラムを行うところが増えてきたが，6月から7月にかけて開催されるものが多く，学期中と重なる日本の学生は参加できない。米国や主要先進国に合わせて，8月または9月から学事暦が始まるように改革するのが理想的であろうが，クォーター制（4学期制）の導入で，4月開始の学年度を変更することなく，国際学生交流における時期的な問題を解決できるという

主張も優勢になってきており，さらなる検討が求められる。

3　大学での国際教育交流プログラム開発の遅れ

諸外国に比べると日本の大学における国際教育交流プログラムの開発は遅れており，学生を海外留学・研修に向ける努力が欠けているといわざるをえない。小林明（2011）は，日本の大学の留学制度とプログラムの画一性を指摘したうえで，留学は一部の優秀な学生のためのものであるという意識から大学が脱却できず，そのために留学の希望をもっていても，実現が困難な学生への支援が十分できていないこと，さらに留学の動機付けから必要な学生に対するアプローチを怠っているとしている。留学プログラムの効率性という点でも問題がある。日本学生支援機構（2011）の調査によると，2009年度に外国の大学との学生交流に関する協定に基づき留学した学生は23,988人であったが，当該年度の学生交流協定総数は17,171であったことから，1協定あたりの派遣学生数は1.4人に留まっていたことになる。

日本の高等教育の課題として，いわゆるトップ大学における国際化の遅れが目立ち，国際教育プログラムの先駆的な事例は，私立大学に集中しているということも指摘されている。しかも，そのような好事例に対して，最近まで政府はほとんど支援をしてこなかった。政府の支援はトップ大学に集中しがちだが，そのような大学は研究重視であり，国際教育への取組は遅れていることが多い。そのため，短期の体験型研修を含め魅力的な留学プログラムは十分に開発されておらず，世界的な潮流となっている，在学中に海外留学を通じて複数の学位（ダブル・ディグリー）を取得できるようなプログラム[5]も少ない（太田，2011a）。文部科学省の調査によると，2009年に海外の大学との交流協定に基づくダブル・ディグリー制度を導入している大学は，全体の12％であった（高等教育局大学振興課，2011）。留学プログラム開発の遅れの原因のひとつは，海外の大学と国際教育交流プログラムを共同で運営できるような能力をもつ専門教職員の雇用と養成ができていないところにある。

加えて，文部科学省は日本の大学が海外の大学と共同で学位（ジョイント・

ディグリー)⁶⁾を授与することを未だ認めていない。国外の大学と連携して教育するような複数・共同学位プログラム，あるいは海外でのインターンシップやフィールドワークを各大学が大胆に導入することが求められるとともに，政府がそのような大学の取組を支援するための制度的整備と政策的支援を積極的に行うことが必要である。この点，文部科学省の「大学の世界展開力強化事業」(2011年開始)⁷⁾と「グローバル人材育成推進事業」⁸⁾(2012年開始)⁹⁾を通して，採択校により新たな海外留学プログラムが開発されることに対する期待は大きい。前者の事業に採択された全大学が，5年間の事業期間に海外派遣を計画している学生数の合計は6,100人であり，後者の場合，同様に事業期間中（5年間）に派遣を計画している学生数の合計は58,500人にも上る。留学プログラムの多様化と量的拡大にあたっては，マンパワーや専門知識・スキルの不足を補うために，大学が民間の海外留学支援機関との連携を進めることも検討すべきであろう。

第5節　学位取得を目指す海外留学に対する阻害要因

1　学士より高い学位を取得してもメリットの少ない雇用システム

　知識基盤社会への移行により，先進国を中心に高度人材への需要が高まっており，それに伴い専門職を中心に修士学位がスタンダード化し，博士学位取得者が民間企業や公的機関でも多く採用されるというような，高学歴者を求める職業（企業）の多様化が世界的に進行している。加えて，そのような高い学位を欧米の大学で取得する傾向が強まっている。これが世界的な海外留学者数の増加の一因でもある。しかしながら，日本では文系で大学院に進むと就職が難しくなる傾向がある。しかも学位より年功序列優先の賃金体系では，給与面でも高学歴のメリットが少ないため，大学院進学のインセンティブが弱い。この旧態依然とした日本の雇用システムは，上述の世界のトレンドに逆行している。ましてや，海外の大学院で学位取得を目指すとなると，それに伴う経済的かつ

時間的投資を将来回収できるという確信や見通しが持てなければ，慎重にならざるを得ないというのが現状であろう。

2　短期的なキャリア形成志向

　田中梓（2010）はブリティッシュ・カウンシルが行った調査に基づく考察を通じて，長期的な経済停滞に伴う雇用不安，海外でのテロや感染症などへの不安から，海外に長く滞在して学位取得を目指し，その後就職するというようなビジョンを若者が立てにくい状況になっていると主張している。日本の若者は，キャリアについて短期的な視点で考えるのが精一杯となってしまうほど，余裕がないということであろうか。一方，日本で学ぶ外国人留学生を含め海外の学生は，さまざまな経験を積んで30代前半を目途にキャリアを確立するという長期的なプランを立てるのが普通である。大学卒業時の就職に全力を注ぐ傾向が非常に強い日本の学生とは対象的である。だが，これは学生自身の意思の問題というよりも，日本の雇用（採用）慣習が彼らをそう仕向けているといえる。新卒一括採用方式の下では，実務経験がないにもかかわらず，大学卒業時が人生において労働市場での価値が一番高いと認識されているからである。しかも，長引く経済の停滞による安定志向で，新卒者の多くが大企業に終身雇用ベースで採用されることを望んでいるともいわれている[10]。このようなことから，日本の大学卒業という学歴だけで就職活動をしたほうが有利だと考えるような国内完結型のキャリア形成志向が，より合理性を持って受け止められている。入試難易度の高い大学の学生であれば，その傾向はさらに強くなる。よって，産業界は通年採用の導入や大学卒業後2〜3年間は新卒と見なすような改善が求められる。

3　国内の大学院で博士学位授与の増加

　文部科学省の指導もあり，国内の人文・社会科学系の大学院でも，最近は博士学位を授与するようになってきた。しかし，皮肉なことに，博士学位の授与率が高くなることによって，研究者を目指す者が留学をしなくなる傾向が見受

けられる。学士課程から継続して，あるいは大学院の修士課程から博士課程に内部進学するほうが博士学位の取得を容易にすると考えられているからである。しかも博士取得後に，在学した大学に採用される傾向が強くなれば，自校出身者の割合が高まり，教授陣の多様性が損なわれる。また，徒弟制度的な慣習の残る日本の大学院では，自分の指導する学生が留学することで研究室の戦力が低下することを懸念し，大学院生の海外留学を好まない教員もいる（太田，2011b）。しかし，こういった「大学院の内向き化」が進めば，結果として，日本の大学の研究における世界的な競争力が弱まってくるのではないだろうか。

4　英語圏の大学の授業料高騰

米国のの大学の授業料は，過去10年間ほど毎年平均で5～10％程度増加してきた。College Board（2012）によると，2002年の私立4年制大学の平均授業料は年間18,273ドル，州立4年制大学の州外学生授業料の平均は年間10,428ドルであったが，2011年には私立大が28,500ドル，州立大が20,700ドルまで上昇し，

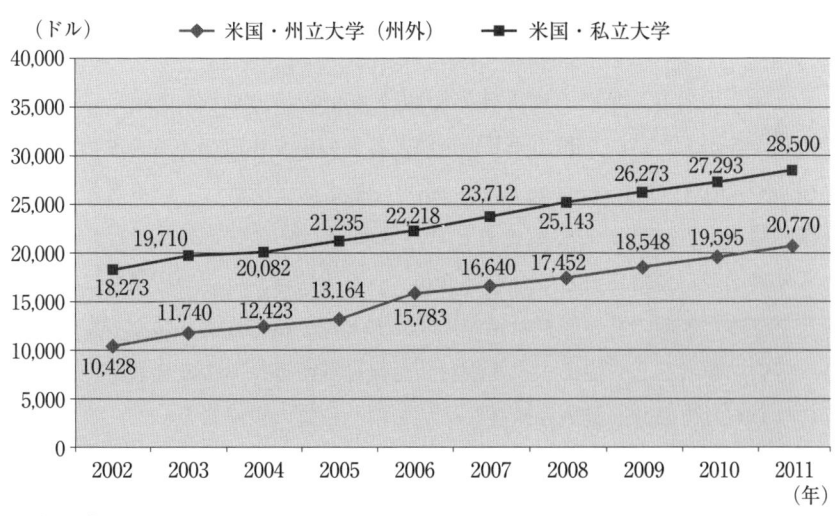

図表3-4　米国の4年制大学における授業料平均の推移

年	米国・州立大学（州外）	米国・私立大学
2002	10,428	18,273
2003	11,740	19,710
2004	12,423	20,082
2005	13,164	21,235
2006	15,783	22,218
2007	16,640	23,712
2008	17,452	25,143
2009	18,548	26,273
2010	19,595	27,293
2011	20,770	28,500

（注）　単位：US ドル
出典：College Board（2012）*Trends in College Pricing 2012*

その間の上昇率は前者が56.0%,後者が98.5%であった(図表3-4参照)。州立大学の授業料は,約10年間でほぼ倍増したことになる。

ただし,上記の授業料はあくまで全米の平均であり,留学生の多い有力な州立大学(州立の旗艦大学)に絞るとさらに高額となり,ここ5年間での増加率も高いことがわかる(図表3-5参照)。

図表3-5　米国の有力大学の授業料と5年間の増加率

大　学	2012-13学年度授業料	5年間の増加率
University of California: Berkeley	35,752	+21.4%
Indiana University Bloomington	31,483	+28.3%
University of Michigan	39,122	+13.6%
University of North Carolina at Chapel Hill	28,446	+23.2%
University of Oregon	28,660	+34.8%
University of Texas at Austin	33,060	+22.5%
University of Virginia	37,336	+23.4%
University of Washington	29,983	+23.2%

(注)　授業料は州外学生適用のもの
　　　単位:USドル
出典:College Board (2012) *Trends in College Pricing 2012*

　私立大学の場合,年間の授業料が4,000ドルから45,000ドルを超えるものまでばらつきが大きいが,39,000ドルを超えるものが全体の23.8%を占めている(中央値は30,200ドル)(College Board, 2012)。都市部に位置している著名な私立大学の場合,40,000ドルを超えるところが多い。留学生であっても,条件によって奨学金が支給される場合もあるが,一般的には,上記の授業料に生活費などを含めた年間の必要経費総額が,50,000ドルを超えるようになってきている。留学志願者として提出すべき銀行預金残高証明書は,この金額を上回るように求められており,景気が低迷している中,一般の家庭にとって,アメリカに4年間留学させることは困難になってきている。社会人が退職して大学院に進もうと考える場合でも,個人でこのような高額な留学経費を工面するのは非常に難しくなっている。

英国の大学の留学生向け授業料は，2011-12学年度で年間9,500ポンド〜30,000ポンドと専攻によって違いが大きいが，全体的には米国と同様に高額である（ブリティッシュ・カウンシル，2012）。オーストラリアの大学の留学生向け授業料も，年間15,000豪ドル〜33,000豪ドルと幅が大きいが，全体的に高額な設定となっている（Austrade, 2013）。留学エージェントの大手である留学ジャーナル（2013）は，英語圏の主要大学に留学する場合の年間費用（学費と滞在費）を以下のように試算している。

図表3-6　英語圏の留学費用（年間）比較試算

大学（国）	学　費	滞在費	合　計
カリフォルニア大学ロサンゼルス校（米国）	US$36,888	US$14,208	約500万円（US$1＝98円）
マギル大学（カナダ）	CA$14,891	CA$13,042	約263万円（CA$1＝94円）
ケンブリッジ大学（英国）	£13,011	£5,520	約280万円（£1＝151円）
オーストラリア国立大学（オーストラリア）	AU$23,568	AU$13,034	約329万円（AU$1＝90円）
オタゴ大学（ニュージーランド）	NZ$21,000	NZ$12,569	約255万円（NZ$1＝76円）

（注）　学費には授業料と諸経費を含む
　　　　外国為替の換算レートは，2013年6月23日現在
出典：留学ジャーナル（2013）『大学留学の費用』のデータを元に筆者が新たに円に換算したもの。

5　日本の家計の悪化

上述の学費高騰に加えて，日本経済の長期停滞で家計が悪化していることも海外留学の阻害要因と考えられる。総務省統計局（2013）の家計調査によると，勤労者世帯の可処分所得（1世帯当たり，年平均1か月間）は，1997年のピーク時に497,036円であったが，2009年には428,101円まで下がっており，その間13.9％も減少したことになる。また，厚生労働省（2012）の調査においても，18歳未満の未婚の子どもをもつ世帯の平均年間所得（1世帯当たり）は，1996年のピーク時に7,816,000円であったが，2010年には6,581,000円まで下がっており，その間15.8％も減少した。これらの調査結果と呼応するかのように，ベ

ネッセ教育開発研究センター（2012a）が大学の英語教育担当責任者を対象として2009年に行った調査でも，「経済的な問題で留学をあきらめる学生がいる」という回答が59.7％に上り，大学における留学生送出しの課題として最も高い比率であった。

第6節　大学在学中の留学と学位取得を目指す留学に共通な阻害要因

1　学生の海外留学を評価しない雇用者

　日本人が海外留学で得た経験を活かすことが，日本社会にとって重要であると考えられていなければ，海外留学の推進は意味をもたない。現状，海外留学経験に対する社会の評価は曖昧であり，応分に評価されているとは言いがたい。多くの日本企業が，グローバル対応力の強化と事業の海外展開推進のために，グローバル人材の雇用と養成（人材マネジメントのグローバル化）が課題であるとしているが[11]，2012年の調査では，6～7割の企業は新卒採用の選考過程で海外留学経験を考慮し，評価するメカニズムを有しておらず，留学経験者を採用するための特別な配慮や措置も講じていない（ディスコ・キャリアリサーチ，2012）。

　そもそも，企業が留学経験のある日本人学生の受入れに積極的ではないことを示す調査結果もある。2010年に経済同友会（2010）が実施したアンケート調査によると，海外留学経験を就職希望者の選考の際に「プラス」に評価すると回答した企業は，30.3％であった。また，2012年に経済同友会（2012）が行った調査によると，直近1年間の新卒者採用において，66.3％の企業が海外経験をもつ日本人学生を「募集したが採用せず」，または「募集せず」と回答した。これらのデータは，企業の採用状況を示すものであるが，政府の公務員採用や大学の教員・研究者採用においても，留学によって得られた経験と獲得された知識や技能が制度的に評価されているとはいえず，留学経験者は適切に処遇されていない（太田，2011b）。経済団体や政府が唱えるグローバル人材需要の高

まりと企業などの新卒採用現場とのギャップは大きい。これでは,「広い世界に出て,アウェーでも実力を発揮できるようにせよ」と若者を鼓舞しても現実味がない。

2　要求される語学力の高度化

2006年,英語能力試験 TOEFL（Test of English as a Foreign Language）が,「読む」,「聞く」,「話す」,「書く」の4技能統合型の TOEFL-iBT へと移行した。その結果,全体的な難易度が高まっただけでなく,日本人が得意だった文法問題がセクションとしては外される一方,苦手なスピーキングが追加された。現状,対策講座などの特別な準備なしでは,高いスコアを取ることが難しくなっている。2012年に実施された TOEFL に関する年次レポートによると,国・地位別順位で日本のスピーキングの平均点（17点）は世界最下位であり,合計点（70点）もアジアで最下位[12]から2番目であった（Educational Testing Service, 2013）。あわせて,世界的な非母語話者の英語力向上により,英語圏の有力大学は,近年留学志願者に求める英語能力試験のスコア設定を高めている[13]。2013年,米国の留学生数ランキング上位20校,アイビー・リーグ8校,名門リベラル・アーツ13校の合計41校が,留学生として出願する者に要求するTOEFL スコアの平均点は95.8点となっており[14]（セレゴ・ジャパン, 2013）,先の日本人平均点（70点）とは25点以上のかい離がある。同様に,英国やオーストラリアでも有名校ほど要求スコアが高くなっており,たとえ留学したくても求められる英語能力を満たせない日本人が増えている。それがまた,英語離れ,ひいては留学離れにつながっているという指摘もある。翻って韓国や中国では,英語力が着実に向上しており,日本ほど TOEFL-iBT の問題が深刻にはなっていない。両国とも iBT が導入された2006年以降,得点率を下げたが,日本よりは高い水準を維持している（図表3-7と3-8参照）。

インターネットの普及とグローバル化により,英語が実質的な世界共通言語となっていることから,それを一定以上のレベルで使いこなせないというのは,世界に伍して競争する際に決定的な障害となる。この点からもワールド・スタ

ンダードを基準として，日本の英語教育を根本的に見直す必要がある。

図表3-7　日中韓のTOEFL（2005年以前のCBT，2006年以後のiBT）得点率の推移

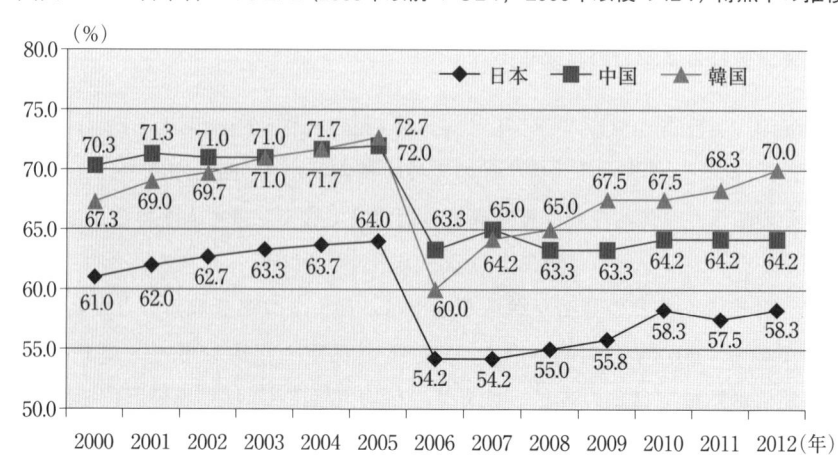

年	日本	中国	韓国
2000	61.0	70.3	67.3
2001	62.0	71.3	69.0
2002	62.7	71.0	69.7
2003	63.3	71.0	71.0
2004	63.7	71.7	71.7
2005	64.0	72.7	72.0
2006	54.2	63.3	60.0
2007	54.2	65.0	64.2
2008	55.0	63.3	65.0
2009	55.8	63.3	67.5
2010	58.3	64.2	67.5
2011	57.5	64.2	68.3
2012	58.3	64.2	70.0

（注）　得点率とは，満点（CBT＝300点，iBT＝120点）に対する平均得点の割合
出典：複数年にまたがるEducational Testing Service, "Test and Score Data Summary for TOEFL-iBT Tests and TOEFL PBT Tests" のデータを文部科学省が集計したもの

図表3-8　日中韓のTOEFL-iBT平均点の推移

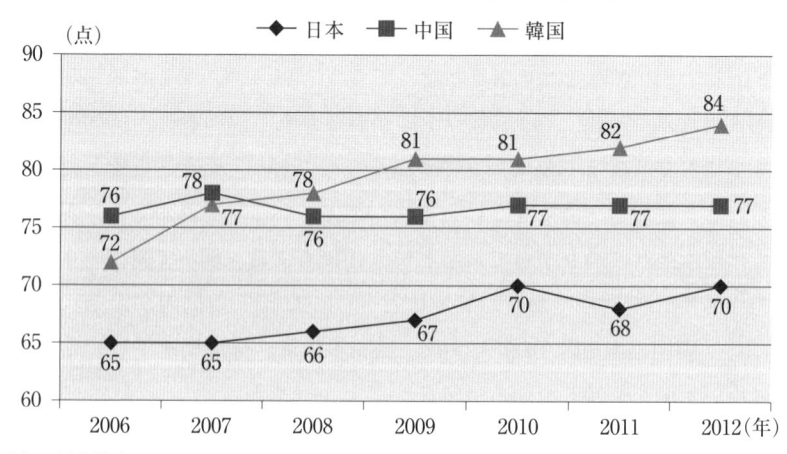

年	日本	中国	韓国
2006	65	76	72
2007	65	78	77
2008	66	76	78
2009	67	76	81
2010	70	77	81
2011	68	77	82
2012	70	77	84

（注）　120点満点
出典：複数年にまたがるEducational Testing Service, "Test and Score Data Summary for TOEFL-iBT Tests and TOEFL PBT Tests" のデータを文部科学省が集計したもの

3　少ない海外留学のための奨学金

これまで，日本が受入れる外国人留学生向けの奨学金に比べると[15]，日本人の海外留学に対する政府の経済的支援は少なかった。背景には，海外留学は個人の選択と責任であるという考え方があり，また，かつて多くの日本人は奨学金がなくても留学したため，あえて政府が支援する必要性は高くなかったともいえる（太田，2011b）。ただし，昨今の停滞する経済状況と，それに伴う家計の悪化を考慮すれば，海外留学における経済的支援の重要性は非常に高くなっている。そうした状況を踏まえ，政府はここ数年，海外留学に関する奨学金（1年以内の留学を対象とした短期派遣奨学金，および修士または博士の学位取得を目指す長期派遣奨学金）の予算を増額している。2009年度の6.3億円（短期派遣が740名，長期派遣が50名）から2013年度の35億円（短期派遣が10,000名，長期派遣が200名）へと，4年間で5.5倍も増加している（図表3-9参照）。2014年

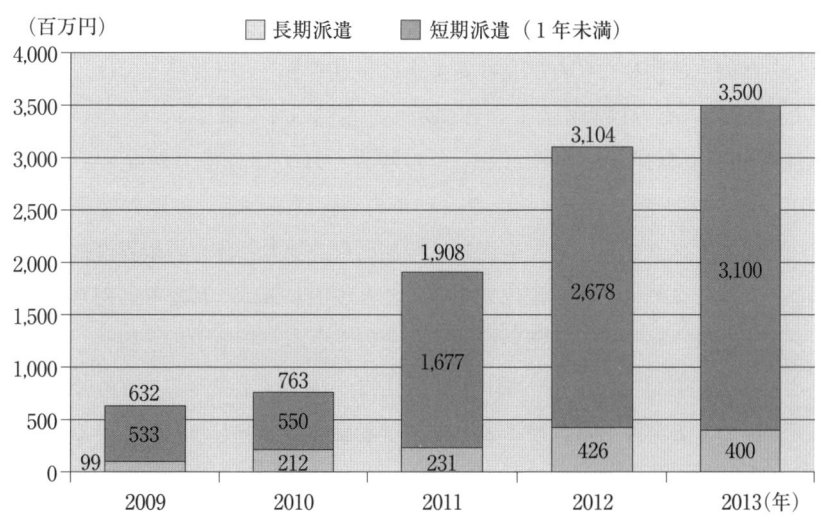

図表3-9　政府による日本人の海外留学に関する奨学金予算額の推移

年	長期派遣	短期派遣（1年未満）	合計
2009	99	533	632
2010	212	550	763
2011	231	1,677	1,908
2012	426	2,678	3,104
2013	400	3,100	3,500

（単位：百万円）

（注）　2009年から2012年までは実績ベースの予算額，2013年は執行予定ベースの予算額
出典：文部科学省『予算の概要』

度には，政府と企業が連携して官民の新たな仕組みを構築し，海外留学奨学金の予算を2013年度比で倍増すること（総額70億円，短期・長期派遣合計で20,000名分）を文部科学省は計画している。

しかし一方で，既存の各種海外留学奨学金への応募者数が減少しているという話もあり，「奨学金があっても留学しない」という指摘もある（太田，2011b）。

4　リスク回避と安全志向

感染症，テロ，自然災害，地域紛争などの影響から，組織も個人も危機管理が厳しく問われるような時代になり，リスクをできるだけ回避する学生の安全志向が強くなっている。加えて，昨今の厳しい経済状況と雇用状況を反映して，学生は投資（費用）対効果により敏感になっている。つまり，学生の活動（行動）や進路に関する選択は，それぞれの選択肢に必要な投資と予測される利益の計算だけでなく，各選択肢に伴うリスクも考慮した，ある意味非常に合理性の高いものになってきている。筆者は海外留学に関する授業を担当しているが，学生から海外留学に伴うメリットだけでなく，デメリットやリスクも明示してほしいという依頼をたびたび受けるようになってきた。一昔前までは，留学を勧める際に，「行けばわかる」，「とにかく一度行ってくればよい」というような言葉で背中を押したものだが，今の時代それでは説得力がない。田中梓（2010）は，ブリティッシュ・カウンシルの調査に基づき，最近の学生について，敢えてリスクを負ってでも海外に飛び出し，知力と体力の限界に挑戦してみようとするよりは，日本国内でできることの中から，それなりにやりたいことを探したほうが無難と考える傾向が強まっていると指摘する。留学してみたいという気持ちはあっても，周囲の状況をよく見渡したとき，「海外留学はリスクが高い」と学生の目に映ることが留学者数の減少をもたらしているといえる。

少子化の影響で親が過保護になりがちであり，「子離れしない親」，そして「親離れしない子」の関係は強まり，「かわいい子には旅をさせよ」は過去のも

のになったといわれている。そのうえ，親の高学歴化が進んだことで，子どもの自主性を重んじ，大学のことは子ども自身に任せるという前の世代とは異なり，率先して子どもの大学のことや進路について関わろうとするあまり，親の過干渉が増えているという（染谷，2006）。よって，学生（子ども）に留学の希望があっても，実際にそれが実現できるかどうかは，学生の自主性より，親の意識や判断にかかっているところが大きくなってきている[16]。

　大学側も別な意味で安全志向を強めており，海外研修・留学プログラムにおいて，派遣先で本来，学生として普通にできるようなことまで含めて禁止するようになってきている。未然に事故や事件の可能性をできるだけ排除するという危機管理の重要性は理解できるが，安全性を過度に追求すれば留学先での学びの機会が制限され，本来的な留学の魅力が失われていく（太田，2011b）。未知への挑戦や冒険に伴う危険性に対してある程度寛容でなければ，そもそも留学は成り立たないことを再認識すべきではないだろうか。海外留学は本来画一的にパッケージ化することが困難なものであり，たとえ同じ大学に複数の学生が同時期に行ったとしても，一人ひとりの取り組み方や姿勢によって，実際の経験と，そこから得られる満足感や達成感は大きく変わってくる。失敗や挫折のような一見ネガティブに映る体験も含めて，すべてが学びの要素になるという原点に返って，大学は学生の主体性と自主性をより引き出せるような工夫をすべきであろう。

5　日本というコンフォート・ゾーン[17]への滞留

　日本がこれまでに築き上げた成熟した経済は誇るべきものであるが，それは同時に情報とモノであふれ返った社会，極度に便利で居心地の良すぎる社会になっている。その結果，皮肉なことではあるが，若者はそのコンフォート・ゾーンから飛び出し，敢えて海外の異なった環境の下，多種多様な習慣や文化をもつ人々にもまれ，渡り合いながら，自分の力で状況を切り開いていくような苦労をすることに価値を見出せなくなってきている。また，インターネットの普及によって，未知の世界との関わり方も変わってきた。仮想現実での安易

な疑似体験が可能となり、実際に外国に行って自らの目で確かめ、体験することの意義が曖昧になっているように思われる。さらに、日本の高度に発達した翻訳システムにより、海外の小説や映画がすぐに翻訳版・字幕版で普及するようになったこと、外国への修学旅行や家族旅行が増加したことなどから、海外がより身近になった分、かえって外の世界への憧れや興味が薄れてきている[18]（太田，2011b）。

　グローバル化によって、外国での出来事が日々の暮らしを直撃し、経済、社会、文化を含めあらゆることが諸外国との相互依存関係のうえに成り立っているにもかかわらず、身近な環境や人間関係など手の届く範囲での幸せに満足し、ぬるま湯的な感覚のままで自己完結できるような錯覚に陥っているのではないだろうか。恵まれた環境にいる時こそ、その慣れ親しんだ場所（コンフォート・ゾーン）から新しい分野や未知の世界に向けて飛び出し、異文化に身を置くことによる不便さや難しさを体験し、そこから学べることの大きさを実感することが必要であろう。自国の慣習や常識にとらわれず、異なった価値観や概念の中でもまれることで、異文化適応力・対応力が向上するだけでなく、自己の確立にもつながる。つまり、国境をまたぐ能力が身につくと同時に、日本を外から客観的に見ることで、日本語や日本文化に対する理解がより深まるのである（太田，2011b）。

第7節　内向き化と二極化

　ここまで見てきた学生を取り巻く状況を考える限り、海外留学はリスクが高く、いくら政府や企業がグローバル人材を待望しても、どんなに大学が海外留学を推奨しても、学生には留学が現実的な選択に見えてこないのではないかという懸念を持たざるを得ない。過去の経済成長期には、「自分探し」のために大学を休学して海外を放浪したり、現状や社会への不満から海外に活路を求めようとしたりする若者の事例をよく耳にした。その時代に比べると、将来に向けて「回り道」をしてでも自己を研鑽する、あるいは大きな夢（そもそも夢を

もちにくい時代ともいわれている）に向かってじっくり時間をかけるというような余裕がなくなり，国内で要領よく，効率的にそれなりの成果を収められればよい，という志向が大勢になっているということなのか。かつては，不況や雇用状況の悪化こそ，海外留学を促す契機となっていた。海外に出て自分の能力を高めてから就職する，という選択肢があった。時に円高はそれを後押しした。アメリカにおける留学生数で日本人が第1位だった90年代中盤が，まさにそのような時期であった。しかし，世界金融危機以後の不況下では，史上まれにみる円高という追い風が吹いたにもかかわらず，留学者数の増加は見られない。だからといって，日本の若者が内向き化していると結論づけるのも早計であろう。

産業能率大学（2010）が2010年に新入社員（18歳から26歳）を対象に行ったグローバル意識調査によると，①「海外では働きたくない」という回答が49.0％とほぼ半数であったが，②「どんな国・地域でも働きたい」も27.0％と過去最高を示し，③「国・地域によっては働きたい」（24.0％）と合わせると，51.0％であった。2001年の同調査結果と比べると，①の海外志向が弱い層は29.2％から20ポイントあまり増加しているが，②の海外志向が強い層も17.3％から約10ポイント上昇したことから，「海外志向が強い層」と「海外志向が弱い層」に二極化が進んでいると分析している（図表3-10参照）。一方，①の理由（複数回答可）については，「海外勤務はリスクが高い」が56.1％で最も高く，リスク回避志向を示すとともに，そもそも「海外に魅力を感じない」も44.4％あり，内向き化を裏付けるような値も出ている。

また，内閣府大臣官房政府広報室（2010）が2010年に実施した労働者の国際移動に関する世論調査によると，20歳代では，「外国で働くことに関心がある」と「どちらかといえば関心がある」という回答がそれぞれ20.0％ずつで，その和（40.0％）は「関心がない」の40.0％と同じ比率であった。「関心がない」理由（複数回答可）については，「語学力に自信がない」（52.3％）と「外国で生活することに不安を感じる」（47.1％）が上位を占め，外国語力の不足とリスク回避志向という留学阻害要因に共通するものがある。

上記の2つの調査結果を参照すれば，若者の意識は海外志向が強い層と弱い

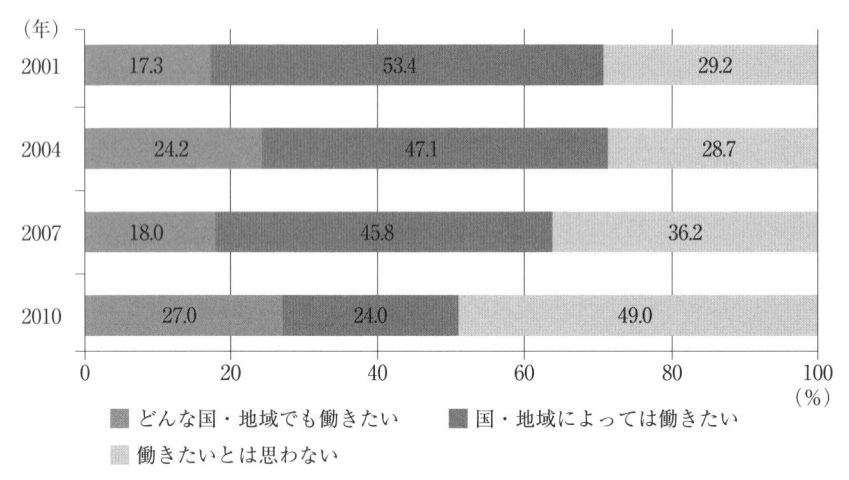

第1部　日・米・韓の大学国際化政策と学生の意識

図表3-10　新入社員のグローバル意識

年	どんな国・地域でも働きたい	国・地域によっては働きたい	働きたいとは思わない
2001	17.3	53.4	29.2
2004	24.2	47.1	28.7
2007	18.0	45.8	36.2
2010	27.0	24.0	49.0

出典：産業能率大学（2010）『第4回新入社員のグローバル意識調査』

層に分化していると見るべきであろう。最近の論調では，近年の海外留学・旅行者数の減少を端緒に若者が国外に出なくなったのは，彼らの心理的な変化（内向き化）によるものだということがとかく強調されがちで，社会的，経済的，政治的な状況の変化については，あまり検証されていない。日本をめぐる状況が大きく変化したことで，日本そのものが内向き，後ろ向き，下向きになっており，それがガラパゴス化[19]などの社会現象となって表れ，若者の行動志向・選択にも影響を与えているのではないだろうか。つまり，若者の意識が本質的に内向き化しているというよりは，現状の日本の有り様が彼らの目線を内側に向かわせていると解釈すべきであろう。しかしながら，日本人の海外留学離れという現象自体は，グローバル化の進展する世界で，日本の存在感を危うくする。国際舞台で堂々と自らの意見を発言し，世界を唸らせるようなグローバル人材が育たないことは，対外的な情報発信力を弱めるだけでなく，日本の競争力と魅力の低下につながり，海外の影響力ある人物や有能な人材を日本に惹きつけることができなくなることをも意味する。特に科学技術の分野では，世界のトップ大学で博士の学位を修得し，海外で活躍する日本人研究者の

ネットワークが崩壊すれば，ノーベル賞級の科学者を育てる基盤がなくなる。これは国家の命運を左右するといっても過言ではない。グローバル人材育成に関する問題解決のためには，海外留学によるメリットを若者が実感できるような仕組みを作るべく，政府，実業界，教育界が一丸となって取組む必要がある。

注
1) 2012年に経済同友会（2012）が行った調査によると，直近1年間の新卒者採用において，いずれの業界においても，海外留学経験を有している日本人より，日本で学んだ外国人を採用した企業のほうが多かった。
2) 海外留学者数の推移と18歳人口の推移を単純にピーク時からの減少率で見れば，前者の30％減に比べて，後者の方が40％減と大きい。
3) いわゆる「定員割れ」という問題も起きている。2012年，入学定員を充足できなかった私立大学は全体の45.8％であり，短期大学では69.7％という高い比率であった（旺文社教育情報センター，2012）。
4) 大学だけなく短期大学，専門学校，職業学校等，非大学の高等教育機関への進学を含む。
5) ダブル・ディグリー・プログラムとは，2つの大学が各々に教育課程を編成するものの，その実施や単位互換等においては双方が連携・協議し，修了時には双方の大学がそれぞれ学位を授与するプログラムのこと。
6) ジョイント・ディグリー・プログラムとは，複数の大学により共同で教育課程が編成・実施され，修了時には，当該複数大学が共同でひとつの学位を授与するプログラムのこと。
7) 国際的に活躍できるグローバル人材の育成と大学教育のグローバル展開力の強化を目指し，高等教育の質保証を図りながら，日本人学生の海外留学と外国人学生の戦略的受入を行うアジア・米国・欧州等の大学との国際教育連携の取組を支援することを目的とした事業。詳細については，次のウェブサイトを参照のこと。
http://www.jsps.go.jp/j-tenkairyoku/index.html
8) 通称で「グローバル30プラス」と呼ばれる。
9) 若い世代の「内向き志向」を克服し，国際的な産業競争力の向上や国と国の絆の強化の基盤として，グローバルな舞台に積極的に挑戦し活躍できる「人財」の育成を図るための，大学教育のグローバル化を推進する取組に対して，重点的に財政支援することを目的とした事業。詳細については，次のウェブサイトを参照のこと。

http://www.jsps.go.jp/j-gjinzai/index.html
10) 内閣府の推計によると，2012年の春に卒業した大学生約56万人について，同じ人数分の正社員の求人があったものの，約20万人が正社員として就職していなかった。当該20万人分の求人の多くは中小企業であったことから，学生の根強い大企業志向が，中小企業への就職に結びつかない実態が浮かび上がったとされている（読売新聞，2012）。
11) 経済産業省（2010）の調査によると，海外拠点を設置する企業において，グローバル化を推進する人材の確保・育成に課題を感じている企業は74.1％に上っている。
12) モンゴルとカンボジアがともに68点で最下位であった。
13) TOEFLの合計点だけでなく，各セクションについても要求スコアを設定する大学が増えている。
14) 留学生数ランキング上位20校が求めるTOEFLスコアの平均点は86.7点，アイビー・リーグ8校では101.5点，名門リベラル・アーツ13校の場合は99.1点である。
15) 2009年，外国人留学生の27.8％は政府系の奨学金を受給していた（高等教育局学生・留学生課，2010）。
16) 2012年にベネッセ教育開発研究センター（2012b）が行った大学生の保護者に関する調査によると，留学経験のある保護者は，8割強（「とてもそう思う：33.6％」と「まあそう思う：46.9％」の和）が子どもに海外留学を経験させたいと思っており，そうでない保護者の4割強（「とてもそう思う：11.7％」と「まあそう思う：30.5％」の和）に比べて，倍近い割合になっている。
17) コンフォート・ゾーンとは，居心地がよいと感じる場所や状況，または，そこにいれば安心できる慣れ親しんだ場所のこと。日本語では安心領域とも呼ばれ，「ぬるま湯に浸かっている」状態を指す。
18) 若者の海外旅行離れが進んでおり，出入国管理統計によると，20～29歳の海外旅行者数は1996年の463万人をピークに減少しており，2011年には281万人とピーク時に比べて39.3％減少した（法務省入国管理局，2012）。同様に20代の出国率も1996年の24％をピークに減少し，2009年は18％であった（吉田，2011）。
19) ガラパゴス諸島において独自の進化をとげた生体のように，国内だけで技術やサービスなどが独自の方向性をもって進化し，発展を遂げながらも，結果として世界標準から掛け離れてしまう現象。

＜参考文献＞
旺文社教育情報センター（2012）『24年度私立大・短大入学状況』旺文社

http://eic.obunsha.co.jp/resource/pdf/exam_info/2012/0907_n.pdf（2013年5月23日検索）

太田浩（2011a）「大学国際化の動向及び日本の現状と課題：東アジアとの比較から」『メディア教育研究』8（1），S1-S12

太田浩（2011b）「なぜ海外留学離れは起こっているのか」『教育と医学』59（1），68-76

韓国統計庁（2012）『留学生の現況』e国指標
　http://www.index.go.kr/egams/stts/jsp/potal/stts/PO_STTS_IdxMain.jsp?idx_cd=1534（2012年9月3日検索）

経済産業省（2010）『グローバル人材育成に関するアンケート調査結果』

経済産業省グローバル人材育成委員会（2010）『産学人材育成パートナーシップグローバル人材育成委員会報告書—産学官でグローバル人材の育成を』経済産業省

経済同友会（2010）『企業の採用と教育に関するアンケート調査結果』
　http://www.doyukai.or.jp/policyproposals/articles/2010/101222a.html（2013年5月23日検索）

経済同友会（2012）『企業の採用と教育に関するアンケート調査結果』
　http://www.doyukai.or.jp/policyproposals/articles/2012/pdf/121128a.pdf（2013年6月24日検索）

厚生労働省（2012）『平成23年　国民生活基礎調査の概況』
　http://www.mhlw.go.jp/toukei/saikin/hw/k-tyosa/k-tyosa11/index.html（2013年6月23日検索）

高等教育局学生・留学生課（2010）『我が国の留学生制度の概要』文部科学省

高等教育局学生・留学生課（2013）『日本人の海外留学者数及び外国人留学生在籍状況調査について』文部科学省
　http://www.mext.go.jp/b_menu/houdou/25/02/1330698.htm（2013年5月23日検索）

高等教育局大学振興課（2011）『大学における教育内容等の改革状況について』文部科学省
　http://www.mext.go.jp/a_menu/koutou/daigaku/04052801/1310269.htm（2013年5月23日検索）

国立大学協会（2007）『留学制度の改善に向けて』

小林明（2011）「日本人学生の海外留学阻害要因と今後の対策」『留学交流』5月号（2）
　http://www.jasso.go.jp/about/documents/kazuhirokudo.pdf（2013年5月23日検索）

産業能率大学（2010）『第 4 回新入社員のグローバル意識調査』学校法人産業能率大学
下村博文（2013）『人材力強化のための教育戦略』文部科学省
　http://www.kantei.go.jp/jp/singi/keizaisaisei/skkkaigi/dai7/siryou07.pdf（2013年 5 月23日検索）
セレゴ・ジャパン（2013）『米国主要大学41校―海外留学に必要な TOEFL スコア調査2013』
　http://iknow.jp/prtoefl（2013年 6 月24日検索）
総務省統計局（2013）「家計」『日本の長期統計系列』総務省
　http://www.stat.go.jp/data/chouki/20.htm（2013年 6 月23日検索）
染谷忠彦（2006）「子どもの自立を促すことこそ保護者ができる最良のサポート」『保護者のための大学進学ガイド』ライオン企画
田中梓（2010）「若者は本当に内向きになったのか？」『留学交流』22(7), 14-19
ディスコ・キャリアリサーチ（2012）『採用活動に関する企業調査・アンケート結果』ディスコ
内閣府大臣官房政府広報室（2010）『労働者の国際移動に関する世論調査』内閣府
内閣府（2012）『平成24年版　子ども・子育て白書』
日本学生支援機構（2011）『協定等に基づく日本人学生留学状況調査結果』
ブリティッシュ・カウンシル（2012）『留学生の授業料』
　http://www.educationuk.org/Japan/Article/JPART451262429999792（2013年 5 月23日検索）
ベネッセ教育開発研究センター（2012a）『大学データブック2012』ベネッセ
ベネッセ教育開発研究センター（2012b）『大学生の保護者に関する調査』ベネッセ
法務省入国管理局（2012）『平成24年度版　出入国管理』法務省
吉田剛（2011）『若者の内向き志向について 2 ―若者の海外旅行離れ？』
　http://d.hatena.ne.jp/Pada/20110814/1313342860（2013年 5 月23日検索）
読売新聞（2012）「根強い大企業志向…学生20万人，中小にソッポ」『読売新聞』2012年11月 7 日
留学ジャーナル（2013）『大学留学の費用』
　http://www.ryugaku.co.jp/object/uni/hiyou.html（2013年 6 月 9 日検索）
Austrade（2013）"Education Costs in Australia", *Study in Australia*, June 10, 2013.
　http://www.studyinaustralia.gov.au/global/australian-education/education-costs（2013年 6 月10日検索）
College Board（2012）*Trends in College Pricing 2012*, New York: College Board.

Educational Testing Service (2013) *Test and Score Data Summary for TOEFL-iBT Tests and TOEFL PBT Tests*, Princeton, NJ: ETS.

Institute of International Education (IIE) (2012) *Open Doors 2012: Report on International Educational Exchange*, New York, NY: IIE.

Organization for Economic Co-operation and Development (OECD) (2012) *Education at a Glance 2012: OECD Indicators*, Paris: OECD.

第4章　米国の学生国際交流政策

第1節　米国の留学生政策と留学生の受入れ

1　国家としての留学生政策のない米国

　米国には，日本の「留学生30万人計画」や「大学の国際化のためのネットワーク形成推進事業（グローバル30)」，あるいは「グローバル人材育成推進事業（グローバル30プラス)」といった文部科学省主導型の官製の留学生政策はない。にもかかわらず，米国は世界中の430万人の留学生のうち76万人強を受け入れ，依然として他国の追随を許していない。この章では，国家としての政策不在の背景，留学生の受け入れ・送り出しの現状，留学交流推進のための政府奨学金，今後の留学生交流の展開について，EducationUSA Advising Center アドバイザーの一人として俯瞰してみる。

　第二次世界大戦直後の1948年から留学生交流を中心とした国際教育交流を推進している米国の国際教育交流担当者協議会（Association of International Educators: NAFSA[1]）は，ここ数年間，国による国際教育政策が米国の現在および将来の国際的な経済活動におけるリーダーシップや安全保障にとって死活問題であり，かつてないほど重要性を増しているとして，その策定を議会に強く要望している。NAFSA のような非政府の国際教育交流の現場の専門家等が9.11米国同時多発テロの発生とその後の政府，議会の安全保障を含む諸政策を反省しつつ，国際教育の切り口から新しい対応を求めているのである。

　NAFSA が2010年11月に実施した国際教育に関する世論調査[2]の結果によると，「国際教育が重要」57％，「外国語の習得は将来の就職に重要」65％，「大

学におけるグローバル教育の必要性」73％，「大学在学中の海外留学の必要性」57％となっている。限定的な世論調査ではあるが約6割から7割が国際教育の必要性，重要性を認識しているとみることができる。

　今日のようにグローバル化した社会にあっては，一国の経済活動や技術革新，さらには近隣諸国・地域との小競り合いが，他国の経済や政治動向に直結し，各国国民の仕事や日常生活にさえ大きな影響を及ぼしている。米国国民も9.11同時多発テロ事件やリーマン・ショックとその後の生活への影響等から，国内問題は同時に国際問題であり，その逆も真なりとの認識を深めているように思われる。経済開発委員会の報告によると，米国はグローバル社会に対応する知識や技術をもった学部卒業生を輩出できておらず，国家としての将来に不安を抱かせていると指摘しているが，その点こそ米国が相互依存関係の国際社会に対応できる人材を輩出していないこと，すなわち国際教育の不備を示すものと考えられる。

　そうした必要性が認識されてはいても，国家としての国際教育政策が確立していないのには米国ならではの理由がある。そもそも米国建国のリーダー達から連綿として引き継がれている国家倫理ともいうべき"The power to govern comes directly from the people"という考え方がすべてを物語っているのではないだろうか。米国の政策決定には伝統的に国民の圧倒的かつ直接的な世論が必要のようである。このことは民主主義の根幹である多数決の原理に基づいているともいえるが，議会に対して国民や団体が声を上げ，それらを政府や関係議員が吸い上げて法律化することが米国のやり方であり，日本のように国民との直接的係わりの希薄な官僚がまとめた政策案を議会で法律化し，国民に国家政策として示すやり方とはその成り立ちに大きな違いがある。

　先の世論調査の示す通り過半数の支持があり，民主主義的な立法のプロセスも確立されており，多くの留学生を受け入れている米国であるにもかかわらず留学生政策が立法化されていない理由は別にある。米国の憲法第1条に連邦政府の権限が規定されているが，教育については一切規定されておらず，教育は各州政府の専管事項[3]とされているのである。連邦レベルの教育を所管する政

府組織としては，教育省と国務省教育文化局の2つが存在しているが，日本や韓国などのように国家全般の教育を統括する文部科学省や教育省に相当する役割は担っていない。

教育省（Department of Education）は連邦政府15省のひとつであるが，1980年に設立された比較的新しい省である。専ら自国民の教育に関する「教育機会の均等化」と「優れた教育の振興」の具現化を促進するものであり，主に次の4領域[4]に主眼が置かれている。

① 連邦教育資金援助に関する法律の施行，資金の分配とその使用状況の監視。
② 米国の学校に関するデータ収集，研究調査の監督，ならびに教育者と一般市民への情報提供。
③ 教育における重要課題および問題の所在の明確化と，国民の認識を高めるための啓蒙。
④ 連邦資金を受けるプログラムや活動における差別禁止の連邦法の施行と，誰もが平等に教育を受ける権利の保証。

国家教育費に占める連邦の負担率は約10％である。一方，外交に関わる視点から教育や文化交流に関する事業を展開しているのが日本では外務省に当たる国務省であり，国内教育に関わる教育省との二重構造的な体制となっている。

以上のような教育行政システムのため，連邦政府主導の国際教育政策が立案されていないどころか，包括的な教育の国家目標を示す国の「教育基本計画」さえ存在していないのである。教育システムや教育関連人事などの教育行政の権限は各州の州憲法や州教育法に基づいて州政府にあることが，国家としての統一的な国際教育政策ひいては留学政策が存在していない大きな要因であると考えられる。

国家としての国際教育政策が法制化されていなくても，教育の統括権を有する州政府により国際教育の推進に関する決議（International Education Resolution）が行われている。未曾有の国家的危機に直面した翌年の2002年からケンタッキー州を筆頭に決議され，現在23州が決議し，さらに13州において活発に

決議にむけた活動が行われている。2011年度の留学生受入数を州別にみるとカリフォルニア州，ニューヨーク州，テキサス州など上位10州で60％強の留学生を受け入れているが，それら10州中8州の州議会において国際教育推進を決議しているのである。50州の高等教育機関などの国際教育者で構成されるNAFSAはそのネットワークとノウハウを利用して，未だ決議に至っていない州において強力なロビー活動を展開している。

　NAFSAのような組織や会員の弛まぬ努力があって，戦後から今日まで米国が世界の中で留学生受入れの首位の座を保ち続けている。国防省，国務省，教育省など連邦政府のさまざまなイニシアティブの下，多くの留学生を継続的に受け入れてきた歴史がある。留学生の受入れは，見方によっては諸外国による米国への評価であり，他方では米国の安全保障に必要な高度に優秀な人材や知的財産の獲得でもあり，米国の世界との依存関係の度合いを表しているともいえる。

2　米国の留学生受入れの現状

　米国政府の留学生政策の有無にかかわらず，第二次世界大戦後今日まで留学生の受入れについては世界の中で比類なき受入先進国を自任してきたことは事実であり，今もなお増加の一途をたどっている。しかし，長く世界の留学生の大半を独り占めしてきた米国だったが，今や5人に1人の割合でしか留学生を獲得できておらず，留学生の他国への分散化が顕著になっている。

　OECDの統計 Education at a glance[5]によると，世界中の留学生総数は2011年430万人に達した。米国は一国で，世界中の勉学を目的として国境を越える「留学生」のほぼ20％を受入れている留学生受入れ先進国である。Institute of International Education（以下IIE）の Open Doors Report によると2011～2012年の受入留学生総数は前年比6％増の76万4,495人で，調査を開始した1949～1950年の2万6,433人と比較すると62年間で約29倍[6]となっている。その間の対前年比の増加率は，例外的にマイナスを記録した1971～1972年と2003～2004年から2005～2006年の3年を除けば，年平均6％弱の継続的な上昇

率を示している。2007年のサブプライムローンに端を発した翌2008年のリーマン・ショックの翌年以降も増加率は大きく影響を受けていない。

　米国の大学に在籍する学生総数に占める留学生の割合は，調査を開始した1948〜1949年の1.1％から一定の伸び率を示し，2011〜2012年には3.7％となったが，留学生受入の他の先進国の同比率[7]はオーストラリア23.8％，イギリス16.1％，フランス12％，ドイツ11.5％と高く，米国はそうした国々と比較するとかなり低い水準であることがわかる。ちなみに日本における留学生の全在籍学生数に占める割合は3.3％であり米国と同程度である。しかし，受入留学生76万4,495人という実数は，2011年度の日本の短期大学と大学の在籍学生総数[8]304万3,496人の約25％に相当する人数であり，決して少ない数字ではない。

　全世界の留学生数はOECDが1975年から実施している調査によると1975年の80万人から2011年の430万人まで約5.4倍に増加している。1975年の米国への留学生数はIIEのOpen Doors Report 60 years 1948/2008によると179,377人であった。2011年は76万4,495人であるから，その数は4.2倍となっており，世界的に急激に増加している留学生数の増加率に比べると米国ではむしろ鈍化している。全世界の増加率と同率であったと仮定すれば米国の2008年の留学生数は91万4,000人強となっているはずであるが，実際にはそのギャップの約15万人は米国以外の国あるいは地域へ分散したことになる。米国の議会や国務省は，安全保障やグローバルな経済力など米国の先導的な実態が世界の留学生を引きつけていると認識しており，この世界的な留学生モビリティの増加傾向に追いついていない現実が国力の低下として真剣に受け止められているようである。

　2001年からの10年間で世界の留学生の米国への留学率[9]が28％から19％に落ち込んでいることに，国務省や国際教育機関，さらには多くの政治家が危機感をもっており，安全保障を確固たるものにし，国際的なリーダーシップとグローバル競争力を強化するために必要かつ有為な人材を育てるために国際教育政策を策定すべきであると考え始めている。そうした中，2001年民主，共和両党の議員により共同提案された国際教育政策の7項目のひとつに「世界の留学生市場における米国のシェアを40％まで回復する」ことが謳われた。2011年の

留学生430万人の40％は172万人であり，絶対数では増加傾向にあるものの国家間比率の低下，すなわち留学生の他国への分散傾向は唯一のスーパーパワーとして米国の影響力を維持するためには絶対的な脅威と映っていると思われる。

　米国に留学している出身国別の留学生数は，Open Doors 2012によると中国19万4,029人，インド10万270人，韓国7万2,295人とアジアの上位3か国で36万人以上を占め，全体でみてもこれら3つの国を含むアジアの留学生が48％を占めるという状況である。日本は1994〜95から1997〜98年の4年間はトップの留学生派遣国であったが，2011〜12年は19,966人で，ピーク年の1997〜98年（46,958人）と比較すると14年間で42.5％も激減している。1960年以降，米国への留学生派遣国として継続する複数年トップの座に就いたことのある国・地域で日本のように大幅に減少したのは，親米政権であったパーレビ国王時代のイランが1974〜75年から9年間トップの座を守った後，1979年のイスラム革命により対米関係が悪化し，1982-83年の26,760人を最後に79％減少した事例だけである。1980年代に5年間トップだった台湾は，1971年の国連総会で中国の代表権喪失という大きな国家的な危機に遭遇したが，6.9％の減少に留まった。逆に，2001年以降10年間で米国への留学生が急増しているのは中国，インド，韓国で，それぞれ200％，50％，47％と驚異的な伸びを示している。それに対して，過去10年間で留学生数が57％の減少を示している日本は，FTPやTPPといった国際社会の相互依存度がますます深まるグローバル経済社会が必要とする人材の確保や外交上，安全保障上の観点からすれば，将来に向けての人材難として大きな社会問題となる可能性を含んでいる。

　米国の留学生受入れについては建国以来明確な国家戦略としての政策はなかったが，ネイティブ・アメリカンを除けば，もともとヨーロッパからの移民により建国した国であり，元来外国人を移民として受入れることに一時期の特定地域を除けば，それほど大きな制限を加えていたわけではない。移民政策の変遷[10]をみても，1880年代の農業立国から工業国へのシフトによる労働力確保や，1960年代のキューバ危機や1970年代のインドシナ紛争などにより発生した離散家族の呼び寄せ等の観点から，移民の継続的な受入れがなされてきてい

る。確かに時代によっては，中国人や日本人を対象とした人種差別的制限や識字テストなどによる移民割当などを設けつつも需要に応じる形で受入れは続いており，失業率全国平均8％弱の今日にあっても年間約70万人の移民枠を設けている国である。非移民の留学生受入れよりもハードルの高い移民の積極的な受入れ実態は，高度に優秀な人材を獲得するための国家戦略との相乗効果により米国へのプル要因[11]として機能しているといえるであろう。そのプル要因は，民主主義，自由と平等という個人を尊重する国家であることに加えて，高等教育のブランド力，世界経済を牽引する力，軍事力に支えられた外交力，英語国家，さらには優秀な学生に対する潤沢な奨学金の提供などが挙げられ，高い授業料や生活費，厳しい入国審査という留学生にとっての三重苦さえも凌駕するほどの魅力があるものと思われる。

3 EducationUSAによる留学生リクルート

米国政府は764,495人という大量の留学生を受入れているにもかかわらず，留学生のリクルートにそれほど積極的ではなかった。自由主義・民主主義体制，高等教育の比類なき充実ぶりや高度に発展した移民国家であるという存在自体がプル要因となり，国がさほど努力をしなくても国の魅力でこれまで多くの学生を誘導してきたことをみてきた。実際に政府がかかわる留学生リクルートは外交を担う国務省（Department of State）の5局のひとつである教育文化局（Bureau of Education and Cultural Affairs：ECA）が統括している。同局は，人と知識の交流を通じて米国人と諸外国の人々との相互理解を推進することを使命とし，その下部機関である教育情報・調査部（Educational Information and Resources Branch）が米国と諸外国との間の留学生モビリティを高めるために米国の高等教育を売り込む直接的な役割を担い，米国留学を推進する公的なネットワークであるEducationUSAセンターを世界170か国に400か所余り展開し，各国の学生に公正・正確で，総合的かつ最新の米国高等教育および留学情報を提供している。

一般にEducationUSAセンターは，米国大使館・総領事館，フルブライト

事務所，国務省指定の現地民間機関などに情報提供の機能をもたせ，機能により3つのレベル（Comprehensive, Standard, Reference）に分類して開設している。日本では日米教育委員会の Educational Information Service が唯一の総合レベル（Comprehensive）で，日米の大学や両政府・大使館との情報交換をはじめ利用者への総合的な情報提供を行っている。標準レベル（Standard）の指定を受けているのは，米国大使館レファレンス資料室と札幌，大阪，福岡の米国領事館内にある EducationUSA センターと2011年より民間機関として初めて指定された国際教育企画[12]のアメリカ留学支援センターを加えた5つで，総合レベルとほぼ同様のサービスを提供できる。閲覧レベル（Reference）は，名古屋と沖縄の領事館と全国各地にあるフルブライト・ジャパン提携の国際交流センターで資料等の閲覧が可能となっている。閲覧レベルの EducationUSA センター以外では，アドバイザーによる個別あるいはグループカウンセリングを原則無料で受けることができる。

　国務省は世界を7つの地域に分け，それぞれの地域に域内教育支援コーディネーター（Regional Educational Advising Coordinator：REAC）を配置し，EducationUSA ネットワークの業務や活動を統括している。REAC は定期的に担当域内の EducationUSA センターを訪問し，米国の高等教育機関に関する適正な情報提供やアドバイザーの教育訓練を実施している。

　学生リクルートの具体的な方法は，高校や大学等の教育機関に直接出向いて説明会を開催したり，ソーシャルメディアを利用して情報提供したり，個人面談による指導をしたり，各センターの多様な特徴を生かして行われており，大使館が主催する米国留学フェアや他国との協同フェアなどでは近隣の EducationUSA センターからアドバイザーが集結して協力する体制をとっている。ただし，それだけの体制を整えていても日本からの米国への留学生数は減少の一途を辿っており，マスコミなどは両国間の将来に少なからず不安を覚えるとの報道をしている。

　そうした状況の中，2010年の初秋，国務省は，日本人の米国留学の減少傾向を止め，増加に転ずべく EducationUSA センターの運営を民間に委託する旨

米国大使館を通じて発表した。同年11月，筆者が関わっている有限会社国際教育企画が審査を通過し，同ネットワークの一部として国内では初めてとなる民間機関によるアメリカ留学支援センターの活動を開始した。特に英語力向上や２年制・４年制大学への学部留学を希望する高校生，大学生，一般社会人を対象として情報提供や留学手続きなどについて指導している。

　センターの開設の直後，有志中学生・高校生を集めて非公開で米国留学についての座談会を設けて話を聞いたところ，異口同音に以下の４点が指摘された。第一は，周囲に留学に関心ある人がいないこと，第二に，具体的な留学の相談ができる人がいないこと，また，いたとしても日本の大学を優先的に考えるように指導されること，第三は，留学と将来の就職との関係が理解できないこと，第四は，米国の教育制度（入学制度を含む）について信頼できる情報がどこにあるかわからないことであった。第一や第二の指摘については，留学が国際教育の一環として教育現場に根付いていないことの表れであると思われる。中学校や高校には進路相談をおいて対応しているが，例外的な学校は別として，一般的には担当者が留学ということを念頭に指導することは非常に少ないようである。生徒たちは，留学に興味はあるが話せる人や機会がないと異口同音に指摘している。なかには積極的な者もいて，自分から興味があることを教員に伝えて話を聞こうとするが，帰ってくる答えは「留学について考えるのはまだ早い」「まず英語を勉強しなさい」「日本の大学進学をまず考えなさい」といわれることがほとんどのようである。多くの高校のウェブサイトには国内の大学進学結果の紹介ページがあるが，どんな大学に何人の合格者を出しているかが，その高校のレベルを示すと考えられているのであろう。

　そのような教員の留学に対する消極的な指導に接して諦めてしまう生徒も少なくないが，自分の力でインターネットなどを利用して情報を収集しようとしても，ウェブ検索で出てくるのは，大半が留学斡旋業者や旅行業者あるいは留学している人のブログ等であり，何を信用してよいのかわからないとの指摘もあった。自分一人で情報収集するといっても，何も知らずに米国の大学についての情報を入手するのは難しい。大半の場合，英語による情報であり，特に高

校生の年代ではいきなり大使館や領事館に出向いて情報を収集しようということにはならない。要するにワンストップ情報センターのような情報源が必要なのである。つい最近も，留学斡旋業者をたずねたところ初期相談は安かったが，具体的に留学先の選定や出願といった作業に入ろうとしたら手数料として何十万円も要求されて，悩んでいるといった相談もあった。斡旋業も正当なビジネス行為だから否定するものではないが，留学を思いとどまる理由のひとつに経済的な理由が挙げられる状況を考えると，安価かつ信頼のおける公的な機関の存在がまず周知徹底されるべきであろう。

学校の先生だけではなく両親にも内緒で相談に来る中学生や高校生もいる。しっかりとした情報を得たうえで家族や周囲の人々を説得するために必要な情報収集にくる者から，何らかのきっかけで留学に憧れたり，興味をもったりしている段階の者など，動機は実にさまざまだが，彼らにとって一番の問題はそうした留学意識の芽を育てるための支援環境がなく，むしろ摘み取ってしまうような状況が教育現場にあるという点である。今日，日本の大学には，米国と同様にグローバル経済に対応できる人材養成が求められており，「国際教育のないところにグローバル人材は育たない」といった危機感から留学促進に火がついた状態である。今後は，もう少し早い中等教育の段階から，国際教育や留学情報にふれる機会をつくっていくことが重要であろう。

4　米国政府奨学金による外国人の留学交流の促進

米国政府が支援する留学支援の奨学金の中心は，第二次世界大戦終結直後，故フルブライト上院議員（J. W. Fulbright）が提唱した「フルブライト教育交流計画」が米国議会の承認を経て1946年に立法化されたもので，米国と諸外国との人物交流促進の奨学金プログラムとして国務省教育文化局が予算化し，管理している。国務省のウェブサイトによると今までに約31万8,000人が受給（米国人学生の送り出し12万人，外国人留学生の受入れ19万8,000人）しており，2011会計年度の国家予算は237.4百万ドル（約237億円[13]）で，毎年6,000人に対し新たな奨学金を授与している。このプログラムが戦後の混乱した時代から今日

まで，世界中の優秀な人材を米国の高等教育機関に誘導してきたのである。以下，どのような奨学金で留学交流を推進しているのか見てみよう。

本プログラムは，毎年世界各国から約4,000人をフルブライターとして米国に留学させている。米国の市民外交を象徴する政府奨学金プログラムで，その中心は米国の大学で修士号や博士号を取得する大学院生を支援するものである。所期の目的を達成したフルブライターの多くは帰国し，それぞれの母国の教育界や政府機関のさまざまな分野のリーダーとして活躍している。奨学金情報はフルブライト事務所や二国間教育委員会が提供し，申請を受付けている。基本的には学生個人が留学先教育機関を選定するが，米国への出入国および国内での奨学金給付等についての支援は国際教育研究所 IIE が国務省から委任されている。

現役の大学院生以外にも海外の若手英語教員を対象としたフルブライト外国語教員支援プログラム（The Fulbright Foreign Language Teaching Assistant Program）もある。これは海外の約50か国の教育機関で語学を教えている若手教員に，米国の大学への留学を通じて教育者としての能力を高めるとともに，米国の文化や社会に関する知識を深めることを目的としている。参加者は，国内約100大学で開講している30以上の語学教育の現場で，教育助手を務めながら教授法などの能力を磨くとともに，米国についてさまざまな角度から体験学習の機会を得る。

理科系の大学院博士課程での研究を希望する留学生に対しては，国際フルブライト科学技術奨学金（The International Fulbright Science and Technology Award）がある。このプログラムは，米国の最先端の大学院で科学技術や理工学分野の博士号取得を目指す高度に優秀な留学生を国務省と受入教育機関が全面的に支援するもので，世界的にトップレベルの奨学金と思われる。毎年40人が選ばれるが，これらの中から優秀な卒業生は米国の主要研究所などに就職し，非常に恵まれた環境の中で研究活動を継続する機会が与えられる可能性が高い。

さらに学位取得を目的とすることはできないが，フルブライト委員会の定める5つの研究領域で，高等教育機関や研究所で自分の定めたテーマについて研

究を深めたい若手研究者を対象とした研究員プログラムや,各国の新聞社やテレビ局など一般的な報道機関に5年間以上勤務しているジャーナリストを対象としたジャーナリストプログラムがある。特にジャーナリストプログラムの参加者は,米国滞在中の経験に関した記事を新聞や雑誌に寄稿して米国の市民外交の一端を担うことが期待されている。

なお,日米両国政府は1951年に,両国間の同教育交流計画を実地するために人物交流に関する覚書を交わし,翌1952年に米国政府資金により在日合衆国教育委員会を日本に設立した。貿易立国としての体裁が整い経済的にも安定してきた日本政府は,1979年にその運営資金を米国政府と折半することとし,同事業を継承する形で同年12月24日に現在の日米教育委員会を設立した。フルブライト・プログラムは現在,日本を含め155か国で運営されているが,その内50か国においては日本と同様に二国間プログラムとして経費を折半している。日本の政府奨学金はフルブライト奨学金の約1.8倍だが,米国は各国との経費分担という方法で効率よくプログラム運営をしているといえよう。

第2節　米国人学生の海外留学のゆくえ

1　米国人学生の海外留学の現状

海外留学をした米国人学生数を見てみると,Open Doors 2012によれば,2010～2011年度に単位取得の目的で海外留学をした学生は27万3,996人で,対前年度比1.3%増である。その数は米国の高等教育機関に在籍する全学生数の1.5%に過ぎず,同年度の受入留学生総数764,495人と比較すると3倍弱の受入れ超過となっている。

人種別に留学傾向を俯瞰すると2010～2011年度[14]の米国から海外への単位取得を目的とした留学は,全学生数の60.5%を占める白人系が77.8%で,全学生数の6割強のグループが全留学生数の約8割を占めている(図表4-1)。アジア・太平洋諸島系は全学生数の6.1%しか占めていないにもかかわらず,全

留学生数の7.9%で2番目となっている。ヒスパニック・ラテン系とネイティブ・アメリカン系が在籍率の半分強，アフリカ系は3分の1にも満たない比率となっている。こうした人種による留学傾向の大きなアンバランスについて現政府は人口構成比率に沿った留学の実現を強く目指している。

図表4-1　人種別の米国高等教育機関在籍率と海外留学率（IIE）（単位：％）

人種	2010-11年度 高等教育在籍率	2010-11年度 海外留学率
アフリカ系	14.5	4.8
アジア・太平洋諸島系	6.1	7.9
白人系	60.5	77.8
ヒスパニック・ラテン系	13.0	6.9
多民族系	1.5	2.1
ネイティブ・アメリカン系	0.9	0.5
外国人	3.4	Not Available

参考：IIEウェブサイト「人種別の米国高等教育機関在籍率と海外留学率」

　留学先地域については，2010〜2011年度の米国人学生の留学先は，ヨーロッパが54.6%を占めているが，10年前の2000〜2001年度と比較すれば約10%減少している。第2位のラテンアメリカは約15%でほぼ横ばいだが，続くアジアは6%から約12%に比率を倍増させ，アフリカも2.9%から5.1%にほぼ倍増している。その他はさほど大きな変化は見られない。漸減しているとはいえ，過半数を超えるヨーロッパへの集中傾向は継続している。ヨーロッパへの留学が減少した分，アジアやアフリカ等地域に分散していることがわかる（図表4-2）。
　米国における高等教育機関の在籍学生数の分布は，ビジネス16.4%，人文科学14.0%，健康科学13.9%がトップ3を構成している。それに続くグループは工学・数学・コンピューター科学8.9%，教育8.4%で，第3グループとして社会科学6.5%，物理・生命科学6.0%などである。Open Doors 2012によると，それらの学問分野から海外留学をする米国人学生数の割合は，2009〜2010学年度では社会科学22.3%，ビジネス20.8%，人文科学12.1%で全体の55.2%を占

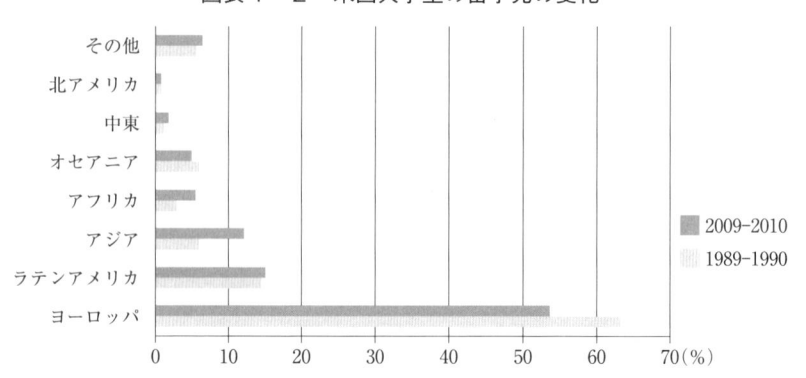

図表4-2 米国人学生の留学先の変化

(棒グラフ：2009-2010 と 1989-1990 の比較)
- その他
- 北アメリカ
- 中東
- オセアニア
- アフリカ
- アジア
- ラテンアメリカ
- ヨーロッパ

参考：1948-2008 Open Doors Report on International Education Exchange 60 years の CDRom 収録データおよび Open Doors 2008～2012の各年度データから筆者が作成。

図表4-3 分野別の米国高等教育機関在籍率と海外留学率（IIE）（単位：％）

分野	2007-08年度 高等教育在籍率	2007-08年度 海外留学率
ビジネス	16.4	20.2
教育	8.4	4.1
工学・数学・コンピューター科学	8.9	4.7
健康科学	13.9	4.5
人文科学	14.0	27.9
物理・生命科学	6.0	8.4
社会科学	6.5	21.5

参考：IIE ウェブサイト「分野別の米国高等教育機関在籍率と海外留学率」

めており，在籍学生数が6.5％の社会科学からの留学が飛びぬけて多いことがわかる。過去10年間の米国の傾向をみると外国語専攻からの留学が暫減傾向にある以外は，大きな変化は見られない。

日本から米国への留学生総数は1万9,966人だが，ビジネス19.2％，社会科学13.5％，英語研修12.1％，芸術7.2％，その他18.5％となっており，上位4分野の合計が52％である。

米国人の海外留学は伝統的に低調で受入れ超過の状況が続いていることは見

てきたとおりであるが，ここ数年政府はこの受入れ超過を解消するために２つの対応を始めている。１つ目は，人種別の海外留学が白人に集中していて人口比率あるいは就学比率に比例していない状況や財政上の理由から留学を諦めざるを得ない状況などを反省し，国内的な教育機会均等の原則を徹底させること，２つ目は，グローバル経済に対応できる多様な人材養成や安全保障上の観点から各国との留学生数のアンバランスを解消することである。特に，中国との関係においては，送り出し米国人学生が１万4,500人余りに対して中国からは英語研修学生を含む20万5,000人を受け入れており，14倍という最大の受入れ超過状況となっている。そこで，2009年オバマ大統領が発表した「100,000 Strong China」と呼ばれる政府主導の米国人送出し計画で，年間100,000人の米国人学生を送り出そうという試みを行った。国家予算による奨学金制度ではないが，政府と民間が協力する官民ファンドを利用するもので，オバマ大統領は2011年にはラテンアメリカやカリブ海諸国への留学を促進する「100,000 Strong in the Americas」も発表した。こうした大統領によるイニシアティブは推進力が強く，多くの米国人学生に海外留学の機会を提供することができる。外国人留学生の受入れについては，長年国家の魅力だけで優秀な学生を獲得してきたが，これだけのアンバランスを解消するためには，日本や韓国のように（長島，2011）政府のリーダーシップあるいは国の政策をもって米国人学生の送出しを支援していくことが必要であることが認識され始めたのであろう。今後の動きに注目する必要があると思われる。ただ，米国は高等教育機関に在籍する留学生ビザをもつ正規課程の受入れ学生を留学生としているが，送出しについては４週間以上の滞在と単位認定を条件とした送出し留学生もカウントしており，いわゆる留学生の定義（小林，2008）からすればインバウンドとアウトバウンドで若干の認識の違いが見られ，本質的なアンバランス解消にどれだけ貢献するか注視することが必要であろう。

2　米国人対象の留学奨学金

　米国人対象の奨学金は，米国の安全保障やグローバル経済の牽引のために政

府機関や経済界に必要となる外国語力や国際的対応力を兼ね備えた優秀な人材育成を確保することを目標としている。その国家の需要に対する人材供給のためにフルブライト・プログラム等により米国人の国際化教育を推進してきた。現在の政府関連奨学金の主なものは以下の通りである。

(1) フルブライト米国人学生プログラム（The Fulbright U. S. Student Program）

本プログラムは，米国人の大学院生，若手専門家および芸術家などを対象とした1～2年間の留学を支援する連邦政府奨学金の中でも最大のプログラムで，年間約2,800人（学生約1,600人，研究者約1,200人）を送り出している。その中には例外的に学部4年生を対象としたものもある。

(2) フルブライト音楽奨学金（The Fulbright-MTVU Fellowships）

このプログラムは海外でさまざまな角度から音楽を研究する米国人を支援するもので，年間4人に授与される。受賞者は1年間の支援を受け，社会と音楽との関係や文化の中の音楽等多角的な視点から自分の研究調査プロジェクトを遂行するものである。参加者は留学期間中に研究の成果や体験をビデオ，ブログ，ポッドキャストなどを利用して社会に還元しなければならない。音楽は文化発信の強力なツールであるとの考え方に基づくプログラムである。

(3) フルブライト公共政策奨学金（Fulbright Public Policy Fellowships）

2012年から始まったフルブライト奨学金の中で最も新しいプログラムである。修士以上の資格を有する者に提供される奨学金で，指定された国の政府機関の公共政策部門でスペシャル・アシスタントとして勤務するプログラムである。学術的な研究と並行して職場体験をすることで当該国の公共政策を理論と実践の両面から学ぶことができる。配属される部門は，公衆衛生，農業，司法，エネルギー，環境，財政，経済開発，情報テクノロジー，コミュニケーション等で，配属は米国大使館と現地の政府によって決定される。

2012年の受給者をみると，バングラディッシュ，コートジボワール，ドミニカ，グァテマラ，ハイチ，ジャマイカ，タイ，チュニジアの8か国に19人の派遣があり，音楽奨学金と同様に数は少ないが，開発途上国援助と特定地域の専門家育成の観点からすれば安全保障上の国家戦略に沿ったものといえるであろ

う。ピースコア[15]の上級版プログラムと位置づけることができる。

(4) **フルブライト英語教育助手プログラム**（Fulbright English Teaching Assistantship Program）

本プログラムも連邦政府の予算による国務省教育文化局管轄下であり，海外の教育機関において英語を母国語としない英語学習者のための英語教育助手として勤務することを目的としているが，フルブライターとして，業務の傍ら米国文化の発信者としての役割も担うことになる。

2011年度の派遣は，アジア，ラテンアメリカ，サハラ以南のアフリカ，東北アフリカ，ヨーロッパの5地域69か国・地域に877人で，その内訳はアジア16か国・地域に304人，ラテンアメリカ11か国に100人，サハラ以南のアフリカ4か国に10人，東北アフリカ5か国25人，ヨーロッパ地域33か国438人となっている。日本政府にもプログラムのオファーはあったようだが，支援を受ける立場にないとの日本政府の判断から日本独自のJETプログラム[16]を実施していることで日本は対象には入っていない。

(5) **重要外国語学習奨学金プログラム**（Critical Language Scholarship Program: CLS）

連邦政府が特別に指定する10語族27言語の外国語学習のための奨学金として2006年に開始された国務省教育文化局所管の重要外国語学習奨学金（CLS）は，米国の学部および大学院生のための7～10週間の外国語学習および文化理解の留学経費全額を支給される留学支援奨学金プログラムである。特別に指定されている13の言語は，アゼルバイジャン語，バングラ／ベンガル語，ヒンズー語，インドネシア語，韓国語，パンジャブ語，トルコ語，ウルドゥ語，アラビア語，ペルシャ語，中国語，日本語，ロシア語である。

応募資格は，米国国籍を有し，学部あるいは大学院の現役正規学生で心身ともに健康な18歳以上の者であれば，文科系から理科系までいかなる専門分野の学生でも良いことになっている。日本語のように大学での2年以上の学習が必要など，選択言語によっては1年以上の指定言語の学習を課している場合もある。

CLSプログラム参加者は，プログラム終了後も当該言語の継続学習と将来の職業に利用することが期待されている他，同プログラム参加者としてのボランティア活動に参加しなければならない。その活動に参加する者はCLS Alumni Ambassadorsと呼ばれ，一般市民や将来の参加を希望する者などを対象とした情報提供のイベントに参加することとなっている。主な活動としては，CLSプログラムに関するプレゼンテーション，国務省が提供するExchanges-Connectやfacebookなどのソーシャルネットワークのオンライン・フォーラムへの参加，将来の参加希望者への体験情報の提供と質疑応答，ワシントンDCで開催される参加者のための出発前オリエンテーションでの同窓生パネル参加などとなっており，プログラムのプロモーションに貢献するとともに自らの体験を振り返る機会となっている。

(6) ギルマン奨学金（Benjamin A. Gilman International Scholarship Program）

米国人学部学生の海外留学を支援する一環として2000年に法制化されたInternational Academic Opportunity Actにより，Benjamin A. Gilman International Scholarship Program，通称ギルマン奨学金プログラムを提供している。この奨学金は，経済的な理由で海外留学を断念せざるを得ない学生，多様な文化背景の学生，さらには非伝統的な留学先国や地域への単位認定を伴う留学に参加する学生に対する支援を旨とし，最高5,000ドルを支給している。さらに特別指定言語（Critical Need Languages）と称される言語を学んでいる学生は3,000ドルの追加支援を受けることができる。

出願資格は，米国国籍の成績優秀な学部学生で，Pell Grant給付金[17]の受給や4週間以上の単位認定プログラム等の諸条件を満たした者とされる。

言語については，米国への全留学生数の約48％を占める中国，インド，韓国に加えて，米国政府が一番の関心を寄せている中東から東アジアのイスラム圏諸国や言語がその対象となっている。言語の選定は米国の国家安全保障上の理由に基づいていることは明らかであるし，留学生の受入れと送出しという人物交流のバランスにも配慮しているものと考えられる。隣国のカナダ，メキシコおよび同盟国である日本を除けばまさに国家戦略上の対象国への米国人学生の

第4章　米国の学生国際交流政策

留学を促進しており，米国の安全保障，国際社会におけるリーダーシップ，グローバル経済の牽引といった究極的な国家目的にそった外国語や地域研究のエキスパート養成に取り組んでおり，その考え方は戦後まったく変わっていない。

3　留学生政策の今後

　米国の国際教育交流の起源はいつ頃であろうか。米国自体の国際社会への進出は中国への権益拡大にからみ強く意識されるようになった1920年頃ではないだろうか。第一次世界大戦については積極的な関与を避けたし，太平洋戦争突入直前まで同様の傾向が見られた。ヨーロッパ列強や日本から国際社会進出が大きく出遅れたことや第二次世界大戦期の情報不足，さらには東西冷戦期の安全保障上の人材不足による国家的損失の危惧を実感して，国際社会への深い関与が重要であると認識するようになったのであろう。特に今日のように刻々と変化する国際情勢に対応するためには，その都度対応を迫られる地域や国家あるいは文化圏の情報収集，分析，対応が特にグローバル・リーダーとしての米国政府に求められていることはいうまでもない。過去から今日にいたる国際社会への不十分な対応から体験的に得たデータを分析して，国際教育交流も外交手段の一環として認識し，巧く利用している。

　ハーバード大学のナイ特別功労教授によると[18]，ハード・パワーである軍事力や経済力を駆使して関係諸国・地域あるいはその住民を従わせるいわゆる伝統的かつ究極的な外交手段が，第二次世界大戦さらには冷戦時代，ひいては現在に至っても残念ながら世界中で通用しているのが現実である。それ以前の戦争とは違って非戦闘員の犠牲が戦闘員のそれを大きく上回った2つの世界大戦のような人類の悲劇を繰り返さないために設置された国際連合ではあるが，国連軍をもたないうえに主権国家の体をなさないテロ集団との勝利の見えない消耗戦が繰り返される国際社会の現実は，国際機関の理想とのギャップはあまりに大きく，十分な役割を果たし得ていない。戦争抑止力の名目のもとに核兵器をはじめさまざまな兵器が拡散傾向にあることも現実である。反面，経済活動の国際化，グローバル化に伴って，国家間あるいは国際的な相互依存関係が

深化，複雑化している環境下にあっては，単純に自国の利益をハード・パワーの軍事力によってのみ庇護できるという世界ではなくなっている。そうしたなか，知的財産の集約によりASEAN域内で存在感を示すシンガポールや，永世中立国というイメージと金融ハブとして国際的公益を提供するスイス等々米国とは比較にならないハード・パワーしかもたない国々がソフト・パワー（ナイ，ウェルチ，2011）を利用することで世界にその名をはせているように，いわゆる公共外交あるいは市民外交（パブリック・ディプロマシー）の効果は新しい世界秩序を生む可能性（渡辺，2011）を期待させる。

ナイ教授（2011）によると，世界はもはや単純な1層構造の社会ではなく，軍事バランス，経済関係，グローバル問題関係といった3層構造化している。国益と国際公益を切り離せない国際環境の中では，軍事力，経済力では今もって大きな影響力を行使することはできたとしても，世界全体を支配することはできないばかりか，グローバルな環境・エネルギー問題は国際的な共同の道を選ぶしかない。また，同教授は，今後の国際社会では軍事的，経済的なハード・パワーと国民交流と国家の魅力というソフト・パワーのバランスを保ちながらタイミング，対象，目的によって双方を使い分けるというスマート・パワーをいかに駆使するかが重要になるとも指摘している。米国はこうした柔軟な対応が世界のリーダーとしての米国に求められていることに気づき始めているのである。

世界に冠たる米国のリーダーシップを発揮するために国家安全保障と経済的競争力を維持，発展させることが重要であるが，今日の国際社会では米国の一極支配的な構造が崩れ，かつてのような強いリーダーシップを発揮しにくい状況であることを国民自体が実感しているように思われる。そうした民意に呼応するように米国は多様な国々との経済交流や外交に積極的に貢献できる優秀なグローバル人材の養成のために，学部学生の国際的対応能力と外国語運用力を高めようとしている。

2006年の第109回議会に「リンカーン留学助成法案」（Abraham Lincoln Study Abroad Fellowship Act）が提出された[19]。この法案は2016-2017年度までに毎

年100万人の学部学生（当時の学部学生1学年分の約半数に相当）に海外留学をさせようとの大型の米国人学生送出し構想である。否決されたが，翌2007年の第110回議会に名称を「サイモン留学基金法案」（Senator Paul Simon Study Abroad Foundation Act）に変えて再度提出され，下院議会では可決されたものの上院で否決された。国際教育交流を推進する大学等の団体である国際教育交流協議会（NAFSA）などの諸機関の支援を受けた民主党のリチャード・ダービン（Richard Durbin）上院議員を代表とする45名の超党派議員団は2009年の第111回議会に提出したが，またしても成立せず上院外交委員会に回された。

　上院で可決されない背景には，9.11米国同時多発テロ以来，膨張し続けている国防予算がある。2002年から2011年の10年間で2.4倍に増加しており，直前に緊急一時回避した2012年末の「財政の壁」と呼ばれる財政問題はいまだに火が燻っており，教育省や国務省の国際教育交流関係予算だけにとどまらず国家財政全般を極度に圧迫している。それらの財政的，政治的な問題がリーマン・ショック以来の経済不調とあいまって米国人学生100万人送り出し構想の上院議会通過を阻んでいる主な原因であると考えられる。フルブライト法以来の国際教育政策であり，国際教育交流関係者のみならず多くの議員が必要性を感じていながら，国民の声としてまとめ切れないでいる。

　しかしながら，ダービン議員等の超党派議員団は，NAFSAなど多くの国際教育交流関係機関の支援を受け，過半数に近い州議会での国際教育推進の決議をも梃にして，上院議会への修正案提出を検討している。もし上院で可決されることになれば，米国史上初めての米国人学生のための留学支援政策の法制化となり，2020年までに在学学部生1学年の約半数となる100万人の送り出しに向けて一挙にその動きが加速することになる。米国の国家戦略としてのグローバル人材養成がまさに始まる直前まで来ている。

注
1）1948年創立の米国の国際教育を推進している非営利，非政府の団体。世界150か国，3,500以上の教育機関や団体，政府機関，民間企業などに所属する10,000人余

の教員，職員，専門家などにより構成され，50名以上の専任事務局員により運営されている。国際教育関連法案などへの積極的な支援活動，政府に対する政策提言も積極的に行っている。

2）A Public Opinion Survey to the Importance of International Education. 中間選挙直前に実施された電話による調査。全国の投票数に応じた調査に約1,000名が回答した。

3）文部科学省中央教育審議会教育振興基本計画特別部会（第8回）配布資料 参考5，第2編第1節アメリカ
http://www.mext.go.jp/b_menu/shingi/chukyo/chukyo7/shiryo/07100513/008/002.htm（2013年1月19日検索）

4）アメリカ教育省「教育概観」
http://aboutusa.japan.usembassy.gov/j/jusaj-japanese-educationoverview.html（2013年1月19日検索）

5）OECD（2013）"Indicator C4 Who studies abroad and where?", in OECD, *Education at a Glance 2013: OECD Indicators*, OECD Publishing. doi: 10.1787/eag-2013-23-en

6）IIE（2012）*International Student Enrollment Trends, 1949/50-2010/11, Open Doors Report on International Educational Exchange*, IIE 同ウェブサイトのデータを利用して算出。
http://www.iie.org/opendoors（2012年12月20日検索）

7）IIE（2011）Open Doors Report on International Educational Exchange 2011, p.44

8）総務省統計局「政府統計の総合窓口」
http://www.e-stat.go.jp/SG1/estat/List.do?bid=000001015843&cycode=0（2013年1月19日検索）

9）IIE（2012）*Project Atlas*®：Trends and Global Data 2012
http://www.iie.org/projectatlas（2013年1月19日検索）

10）独立行政法人労働政策研究・研修機構「アメリカの移民政策」
http://www.jil.go.jp/foreign/labor_system/2004_11/america_01.htm（2012年9月10日検索）

11）白土悟（2006）一橋大学留学生センター教育研究シリーズ⑦，平成18年度文部科学省先導的大学改革推進経費による委託研究（委託 一橋大学）への特別寄稿論文「中国の留学交流の将来動向に関する考察」pp.138-163

12）筆者が役員を務める同社は，2011年日本国内唯一の民間会社として大使館と契約

書を交わし，東京西部を中心に担当するEducationUSA Advising Centerである。筆者も同センターのアドバイザーとして情報提供や個別相談に対応している。

13) 1ドル100円で換算
14) Public Policy Trends in U.S. Study Abroad
   http://www.nafsa.org/publicpolicy/default.aspx?id=6672（2012年7月6日検索）
15) Peace Corpsは，1961年3月1日John F. Kennedy大統領令により実施された米国の若者による政府出資の海外ボランティア・プログラム。活動は開発途上国における経済的あるいは社会的開発を支援する事業に2年間従事するもので，2013会計年度予算は約380億円。1964年に発足した日本青年海外協力隊と同様の活動といえる。
16) 「語学指導等を行う外国青年招致事業」（The Japan Exchange and Teaching Programme）の略称で，総務省，外務省，文部科学省および財団法人自治体国際化協会（CLAIR）の協力の下，地方公共団体が実施している事業。JETプログラムのウェブサイトより引用。
   http://www.jetprogramme.org/j/（2012年9月10日検索）
17) 財政能力の不十分な学生に給付される連邦政府の補助金（grants）で，全米の約5,400の中等後教育機関，主に学部生の就学に必要な経費を賄うことができる。
18) Joseph S. Nye, Jr. (2011) *The Future of Power.*（山岡洋一・藤島京子訳（2011）『スマート・パワー 21世紀を支配する新しい力』日本経済新聞出版社）
19) 船守美穂（2007）「米国学部学生・年間100万人留学構想」東京大学国際連携本部

＜参考文献＞

小林 明（2008）「留学生の定義に関する比較研究」平成19年度文部科学省先導的大学改革推進経費による委託研究「年間を通した外国人学生受け入れの実態調査」（研究代表 横田雅弘）への特別寄稿論文，pp.111-123

小林 明（2011）「日本人学生の海外留学阻害要因と今後の対策」ウェブマガジン『留学交流』日本学生支援機構

佐々木卓也他（2011）『新版 戦後アメリカ外交史』有斐閣アルマ

白土悟（2006）「中国の留学交流の将来動向に関する考察」一橋大学留学生センター教育研究シリーズ⑦，平成18年度文部科学省先導的大学改革推進経費による委託研究（委託 一橋大学）への特別寄稿論文，pp.138-163

ジョセフ S. ナイ著，山岡洋一・藤島京子訳（2011）『スマート・パワー 21世紀を支配する新しい力』日本経済新聞出版社

第 1 部　日・米・韓の大学国際化政策と学生の意識

ジョセフ S. ナイ，デイヴィッド A. ウェルチ著，田中明彦，村田明嗣訳（2011）『国際紛争　理論と歴史』（原書第 8 版）有斐閣
長島万里子（2011）「韓国の留学生政策とその変遷」学生支援機構ウェブマガジン『留学交流』4 月号 Vol.1 pp.1-10
船守美穂（2007）「米国学部学生・年間100万人留学構想」東京大学国際連携本部
最上敏樹（2010）『国連とアメリカ』岩波新書
渡辺靖（2011）『文化と外交　パブリック・ディプロマシーの時代』中公新書
IIE (2012), *International Student Enrollment Trends, 1949/50-2010/11, Open Doors Report on International Educational Exchange*

＜参考ウェブサイト＞
アメリカ教育省（2007）『教育概観』
　http://aboutusa.japan.usembassy.gov/j/jusaj-japanese-educationoverview.html（2013年 1 月19日検索）
厚生労働省「アメリカの移民政策」（2004）独立行政法人労働政策研究・研修機構
　http://www.jil.go.jp/foreign/labor_system/2004_11/america_01.htm　（2013年 6 月30日検索）
総務省統計局「政府統計の総合窓口」
　http://www.e-stat.go.jp/SG1/estat/List.do?bid=000001015843&cycode=0（2012年 8 月31日検索）
中央教育審議会「『留学生30万人計画』の骨子」とりまとめの考え方に基づく具体的な方策の検討」平成20年 7 月 8 日付中央教育審議会大学分科会留学生特別委員会
　http://www.mext.go.jp/b_menu/shingi/chukyo/chukyo4/houkoku/1249702.htm（2013年 1 月19日検索）
東京大学国際連携本部（2007）「世界の有力大学の国際化の動向」東京大学国際連携本部国際企画部
　http://www.u-tokyo.ac.jp/res02/pdf/yuryokudaigaku.pdf（2013年 1 月30日検索）
独立行政法人労働政策研究・研修機構「アメリカの移民政策」
　http://www.jil.go.jp/foreign/labor_system/2004_11/america_01.htm（2012年 8 月31日検索）
日本学生支援機構（2011）「留学生受入の概況　平成23年 5 月 1 日現在の留学生総数」
　http://www.jasso.go.jp/statistics/intl_student/data11.html（2013年 1 月30日検索）
文部科学省（2011）「平成24年 1 月付日本人の海外留学状況」

第 4 章　米国の学生国際交流政策

http://www.mext.go.jp/b_menu/houdou/24/01/__icsFiles/afieldfile/2012/02/02/1315686_01.pdf（2013年 1 月30日検索）
文部科学省（2008）「大学のグローバル化に関する現状について」大学グローバル化検討ワーキンググループ（第 1 回）資料 4，2008年12月 8 日
http://www.mext.go.jp/b_menu/shingi/chukyo/chukyo4/025/gijiroku/08121011.htm（2013年 1 月30日検索）
文部科学省（2007）中央教育審議会教育振興基本計画特別部会（第 8 回）配布資料　参考 5．第 2 編第 1 節アメリカ
http://www.mext.go.jp/b_menu/shingi/chukyo/chukyo7/shiryo/07100513/008/002.htm（2013年 1 月19日検索）
Benjamin A. Gilman International (2013), Scholarship Program
http://www.iie.org/en/Programs/Gilman-Scholarship-Program（2012年 8 月31日検索）
Critical Language Scholarship Program
http://clscholarship.org/about.php（2012年 8 月31日検索）
Critical Language Scholarship Program
http://www.clscholarship.org/applicants.htm（2012年 8 月31日検索）
EducationUSA (2012), *EducationUSA Global Guide 2012*
http://www.educationusa.info/conferences/forum_2012/EducationUSA_Global_Guide.pdf#search='EducationUSA + Global + Guide +2012'（2013年 5 月 1 日検索）
EducationUSA.state.gov（2013年 1 月30日検索）U.S. Naturalizations: 2012
http://www.dhs.gov/sites/default/files/publications/ois_natz_fr_2012.pdf（2013年 7 月 5 日検索）
IIE (2011), Open Doors®: Report on International Educational Exchange 2011
PDFファイル（2012年 8 月31日検索）
IIE (2012), Open Doors® 2012 "Fast Facts"
http://www.iie.org/Research-and-Publications/Open-Doors/Data/Fast-Facts（2013年 1 月30日検索）
IIE (2012), Project Atlas®: Trends and Global Data 2012, Center for Academic Mobility Research, http://www.iie.org/projectatlas（2013年 1 月30日検索）
JETプログラム　http://www.jetprogramme.org/j/introduction/index（2013年 1 月30日検索）

NAFSA (2007), An International Education Policy for U.S. Leadership, Competitiveness, and Security
http://www.nafsa.org/Explore_International_Education/Advocacy_And_Public_Policy/United_States_International_Education_Policy/An_International_Education_Policy_For_U_S_Leadership,_Competitiveness,_and_Security/（2013年1月30日検索）

NAFSA (2011), A Public Opinion Survey on the Importance of International Education, January 2011, Educating Students for Success in the Global Economy, http://www.nafsa.org/publicpolicy/default.aspx?id=23955（2012年8月31日検索）

NAFSA (2013), Trends in U.S. Study Abroad,
http://www.nafsa.org/Content.aspx?id=6672&LangType=1033（2013年5月1日検索）

NEXT NEW DEAL (2012), Sponsoring Study Abroad: The Most Cost Effective Foreign Policy Tool, The Blog of the Roosevelt Institute
http://www.nextnewdeal.net/sponsoring-study-abroad-most-cost-effective-foreign-policy-tool（2012年7月23日検索）

OECD, Education at a Glance 2012
http://www.oecd.org/edu/highlights.pdf（2013年5月6日検索）

OECD (2013), "Indicator C4 Who studies abroad and where?", in OECD, Education at a Glance 2013: OECD Indicators, OECD Publishing. doi: 10.1787/eag-2013-23-en（2013年7月1日検索）

Public Policy Trends in U.S. Study Abroad
http://www.nafsa.org/publicpolicy/default.aspx?id=6672（2012年7月6日検索）

US Department of Education (2012), The History of Title VI and Fulbright-Hays: Department of State Organization Chart (text only): May 2012, ED.gov U.S. Department of Education, http://www.state.gov/r/pa/ei/rls/dos/99484.htm（2012年8月31日検索）

US Department of State (2002-2012), Budget: Department of State and Other International Programs
http://www.state.gov/s/d/rm/c6112.htm（2013年1月30日検索）

US Department of State (2012), The Fulbright Program
http://fulbright.state.gov/grants/student-program/non-us-citizen.html（2012年8月31日検索）

第5章　韓国の学生国際交流政策

　本章では，韓国の高等教育と外国人留学生の現況を確認したうえで，2001年以降の韓国における外国人留学生誘致政策の変遷をレビューすることにより，10年程の間に留学生数が10倍になるという飛躍的な量的拡大を導いた政策の形成から発展までの過程を考察する。さらに，量的拡大だけでなく質的向上も重視すべく転換期を迎えた，韓国の留学生受入れ政策の課題と方向性について検討する。最後に，日韓の留学生政策の比較分析とともに日本への示唆を提起したい。

第1節　韓国の高等教育の概要

　韓国には4年制大学が219校（一般大学189校，産業大学2校，教育大学10校，放送通信大学1校，サイバー大学17校），2年制または3年制の短期大学[1]が142校ある。4年制大学は80％が，短期大学は90％強が私立大学である。高等教育機関進学率[2]は71％と高いが，少子化の影響で地方の短期大学では定員充足率が70％程度まで落ちてきている（4年制大学の定員充足率も90％程度にまで下がってきている）。併せて，大学，短期大学において統廃合が行われているものの，大学数は微増しており，大学院大学も増加傾向にある[3]。また，専任教員1人当たりの学生数は30.9人で，外国人専任教員の比率は7.0％である。韓国の大学は2学期制で，春学期と秋学期に分かれている。春学期は3〜6月，秋学期は9〜12月で，1学期は15〜16週間となっている。また，日本と同様に単位制をとっているが，一般的に1科目50分授業が週3回行われ3単位となり，4年制大学で卒業に必要な単位は140単位前後となっている。多くの大学には

付属の語学堂（韓国語学校）が設置されており，大学進学のための準備コースから，夏季休暇等を活用した短期の語学研修まで，幅広いプログラムを留学生に提供している（日本学生支援機構，2007）。

第2節　韓国の外国人留学生の現況

2012年の韓国における外国人留学生総数は86,878人[4]で，そのうち46.7%（40,551人）が学部課程，23.0%（20,038人）が大学院課程，19.2%（16,639人）が語学研修課程に在籍していた（図表5-1）。学位課程（学部課程と大学院課程）に在籍する留学生の比率は69.7%であり（図表5-2），2001年の37%から

図表5-1　課程別留学生数（2012年）

区分	大学（学部）	大学院	語学研修	その他研修	計
学生数	40,551	20,038	16,639	9,650	86,878
割合(%)	46.7	23.0	19.2	11.1	100

出典：教育科学技術部教育統計課（2012）『2012年教育基本統計』

図表5-2　経費支弁等種別留学生数（2012年）

課程	学位課程						非学位課程			
区分	私費留学	大学招聘	韓国政府招聘	外国政府派遣	その他（交換留学等）	小計	語学研修生	その他	小計	合計
学生数	53,162	4,528	1,835	357	707	60,589	16,639	9,650	26,289	86,878
割合(%)	61.2	5.2	2.1	0.4	0.8	69.7	19.2	11.1	30.3	100

出典：韓国教育開発院（2012）『教育統計年報』，教育科学技術部教育統計課（2012）『2012年教育基本統計』をもとに筆者作成

図表5-3　出身国・地域別留学生数（2012年）

区分	中国	日本	モンゴル	米国	ベトナム	台湾	その他	計
学生数	55,427	4,093	3,797	2,665	2,447	1,510	16,939	86,878
割合(%)	63.8	4.7	4.4	3.1	2.8	1.7	19.5	100

出典：韓国統計庁（2012）『e国指標 留学生の現況』

大きく上昇している。ただし，外国人留学生比率（総学生数に占める留学生数の比率）は，1.6％とOECD諸国の平均である8.0％[5]に比べるとかなり低い。留学生の出身国は，中国が63.8％[6]（55,427人）を占め1位，ついで日本が4.7％（4,093人）で2位，モンゴルが4.4％（3,797人）で3位と続いている（図表5-3）。専攻分野別では，語学研修（19.2％）と人文社会科学系（47.9％）を合わせると67.1％で，理工系が16.3％である。経費支弁別（ただし，学位課程在籍者のみ）では，私費留学生が61.2％（53,162人）を占め，5.2％（4,528人）の大学招聘（受入れ大学の奨学金）による留学生が次いで多く，韓国政府による招聘留学生（国費留学生）は，2.1％（1,835人）と低い（図表5-2参照）。以上のデータから，日本における外国人留学生の典型的な像として使われる「中文学私（中国人学生，文系，学部課程，私費留学生）」が，韓国にも当てはまることがわかる。

第3節　韓国の留学生政策の経緯

1　政策の起源

　韓国の留学生政策は，2001年に施行された「外国人留学生誘致拡大総合方案」に始まる。これは，それまでの留学生送出し中心から，留学生受入れ中心へと韓国の政策転換を示すものであった。国策として，留学生の韓国での就学の便宜を図るとともに，留学生をめぐる環境を改善するための総合的計画といえる。具体的には，次の通りである（横田ほか，2005）。
①　留学生宿舎の新・増築の支援
②　留学生の就労活動制限の緩和（20時間／週以内のアルバイト許可）
③　海外での韓国留学フェアの開催
④　多言語による韓国留学案内サイト[7]の構築
⑤　留学ビザ取得のための手続きの簡素化
⑥　入国管理局と大学の連携による留学生の在留・在籍管理の改善

第1部　日・米・韓の大学国際化政策と学生の意識

しかしながら，その後の留学生数は，2001年の11,646人から2003年の12,314人へとわずかに増加したに過ぎなかった。翌2004年，韓国の外国人留学生数は16,832人と前年に比べ増加したが，一方で，韓国人の海外留学者数は，アジア通貨危機の時期を除けば，年々増大していたため[8]，同年の韓国人海外留学者数は，その約11倍の18.8万人を数えた（図表5-4）。これにより，外国人留学生の受入れに伴う教育の輸出額（外国人留学生が韓国留学・研修で支出した総額）と韓国人留学生の海外留学に伴う教育の輸入額（韓国人が海外留学・研修のために支出した総額）における貿易収支の赤字が大幅に増加した。1999年には8.6億米ドルだった赤字が，2003年には18.3億米ドルに達し，その後も上昇が続いた

図表5-4　年度別海外留学者数（2004-2008年）

年度	2004	2005	2006	2007	2008
海外留学者数	187,683	192,254	190,364	217,959	216,867

出典：韓国教育科学技術部在外同胞教育課（2008）『Study Korea Project 発展方案』

図表5-5　年度別教育（留学・研修）貿易収支状況（1999-2005年）

（単位：百万USドル）

年度	1999	2000	2001	2002	2003	2004	2005
教育輸出額	38.7	23.1	10.8	16.9	14.8	15.9	12.6
教育輸入額	905.5	957.8	1,070.0	1,426.6	1,854.7	2,493.8	3,380.9
留学収支	-866.8	-934.7	-1,059.2	-1,409.7	-1,839.9	-2,477.9	-3,368.3

（注）1）教育輸出額：外国人留学生が韓国留学・研修で支出した金額
　　　　教育輸入額：韓国人が海外留学・研修のために支出した金額
　　　2）ここでいう留学・研修には，初等・中等教育から高等教育のレベルまですべて含む
出典：カン・ヨンスン（2004）『21世紀韓国大学の国際化のための新プロジェクト』韓国教育人的資源部[9]国際教育協力課掲載の韓国銀行による調査資料に他の韓国教育科学技術部[10]の資料を加え，筆者作成

図表5-6　年度別外国人留学生数（2004-2008年）

年度	2004	2005	2006	2007	2008
留学生数	16,832	22,526	32,557	49,270	63,952

出典：韓国教育科学技術部在外同胞教育課（2008）『Study Korea Project 発展方案』

（図表5-5）。これに対して，韓国政府は，高等教育がサービス産業化している潮流において，教育輸出力の向上は高等教育の競争力強化を意味し，そのためには国が重点的な投資をする必要があるとしている（横田ほか，2005）。

このような状況の下，2004年に"Study Korea Project"が発表され，2010年までに韓国で学ぶ留学生数を5万人に増やすという目標が掲げられた。その後，韓国の留学生数は急速に増加し（2004年，16,832人だった留学生数は，2007年には49,720人となり，3年間で3倍近く増加した），2008年には63,952人に達し，2年前倒しで，5万人の数値目標を達成した（図表5-6）。そして，同年8月，2012年までに留学生数を10万人にするという新たな目標を発表し，Study Korea Project は第2段階に入った。

2　政策の背景と根拠

韓国の Study Korea Project の背景としては，外国人留学生受入れ数と韓国人海外留学者数の大きなギャップがあり，それに伴う教育貿易収支の赤字改善（留学生の送出し国から受入れ国への転換）は大きな課題となっている（パク，2004）。留学生の送出しが受入れを大きく上回っている韓国では，これに出生率の低下があいまって[11]，頭脳流出の防止と将来の労働力不足対策としての海外からの高度人材獲得が重要な政策課題となっている（Kim and Nam，2007）。

頭脳流出防止の面では，韓国の高等教育はユニバーサル化[12]したが（高等教育進学率は7割を超える），大学における教育研究の水準が世界レベルに達していない（Times Higher Education の世界大学ランキング・ベスト200に入るのは4校程度）との認識が強い。それが多くの韓国人を海外留学に駆り立てる一因であるとみなされており，韓国の大学の国際化と国際競争力の強化は急務であると指摘されている（朴，2005）。言い換えると，留学生受入れ政策の推進は，韓国の大学を国際学生市場から見て魅力ある大学（ワールドクラス・ユニバーシティ）へとレベルアップさせることを意味し，それは韓国の優秀な若者の海外流出を防ぐだけでなく，海外から多くの留学生を呼び込むことを可能にするとの政策的意図がある。この取り組みの象徴的なスローガンとして，韓国を「東

アジアの教育ハブ」にすることを掲げている（KBS, 2004）。具体的には，トップ大学を中心に研究レベルをワールドクラスに引き上げるための方策として，Brain Korea 21[13]やWorld-Class University育成事業[14]が実施されてきた。

また，外交や国際協力という面では，韓国が北東アジアの中心国家として飛躍するために，開発途上国の将来の指導者となるような若者を韓国の大学で養成し，途上国の発展に寄与することの重要性を強調している。彼らの韓国留学の経験が，諸外国における韓国に対する認識を引き上げ，国際社会における親韓・知韓派を増やすことになるとしている（横田ほか，2005）。この点から，今後留学生の募集活動を強化する国として，サウジアラビア，カタール等の産油国とカザフスタン，アゼルバイジャン等の中央アジアの国々が挙げられており，これらの国々における韓国留学の需要は大きいとしているのも興味深い（カン，2004）。さらに，Study Korea Projectの具体的施策を解説した「21世紀韓国大学の国際化のための新プロジェクト」では，少子化の影響で，大学の定員割れが顕在化[15]しており，その対策として留学生の受入れを推進することも謳われている（カン，2004）。

3　政策の展開

Study Korea Projectの初期に，政府が重点的に行った取り組みとしては，①国費留学生の量的拡大，②在外公館を中心に韓国政府関係機関[16]の海外ネットワーク全体を留学生誘致活動に活用，③海外での韓国語・韓国文化講座開設[17]の支援などが挙げられる。産業界からも，①奨学金の支給，②インターンシップの提供，③留学生宿舎の建設，④留学生の積極的雇用などの支援が期待された。産学連携での留学生受入れについては，韓国企業が拠点を増やしている中央アジア，中東諸国[18]，BRICs[19]などがターゲットに挙げられた。語学堂による短期の韓国語・韓国文化研修生受入れから大学院（ビジネス系と理工系）の英語による課程での学位取得学生まで，受入れプログラムの多様化を図るとともに，企業との連携による奨学金の支給と就職をセットにした支援が推進された。たとえば，2004年，サムソン電子は，ソウル大学の工学系

大学修士課程の留学生を11年間の契約で合計100名支援することを発表し，修了者にはサムソン電子への就職を保証した（ジョン，2006）。

4 留学生10万人に向けて

5万人計画の達成を受けて，教育科学技術部は，2012年までに留学生数を10万人にするという新たな政策を2008年に発表した。"Study Korea Project II"ともいえるこの「留学生受入れ10万人計画」に関し，2012年までの目標として，以下のような骨子が挙げられる（Yoon, 2008；在外同胞教育課，2008）。

① 外国政府奨学金による留学生の受入れ数を1,200人に増加（2008年は587人）
② 韓国政府招聘留学生数を3,000人に増加（2008年は837人）
③ 授業科目や教育課程の英語化促進，および韓国語研修プログラムの開設支援のための予算を5倍に増加（2007年までは毎年4億ウォンだったものを2008年からは毎年20億ウォンとし，2012年には30億ウォンまで増加）[20]
④ 重要拠点（大都市）に大学共同利用施設としての留学生宿舎建設を推進
⑤ 留学生対象のインターンシップを活性化し，卒業後の韓国内での就職支援を強化
⑥ 留学生受入れや留学生支援に関する好事例を大学間で競わせながら，共有するような奨励策（インセンティブ付）の実施

また，Study Korea Project 開始時より，留学生受入れの量的拡大に傾注しすぎた結果，留学生の中途退学，失踪，不法就労，不法滞在が顕在化し，社会問題にまで発展したことから，留学生の質的改善を図るために，高等教育機関における留学生入学選考と受入れた留学生に対する管理能力の強化・指導が行われるようになった（Kang, 2009）。2009年，22大学が留学生に対する管理不良大学（留学生の中途退学率が50％以上），あるいは学事運営不良大学（出席や成績が不十分な留学生に対する単位付与，非公式または形式的な選考による留学生への入学許可）として，留学ビザの発給制限や改善命令を含む行政処分の対象となった。これらの大学は，改善命令が履行されない場合，国からの財政支援が

停止されることが示された。同年，教育科学技術部は，留学生の量的拡大とともに優秀な留学生を確保するためには，受入れ大学の管理運営能力の強化が必要という方針を示し，留学生の受入れが学生補充のための手段ではなく，大学の国際競争力強化と韓国に対する肯定的な国家イメージの形成に寄与すべきという趣旨の下，以下（図表5-7）のような4つの重点分野と12の推進事項からなる「外国人留学生支援・管理改善方案」を発表した（グローバル人材育成課,2009）。

図表5-7 「外国人留学生支援・管理改善方案」の重点分野と推進事項

	重点分野	推進課題
1	留学生リクルーティングの充実	① 韓国留学案内システム（www.studyinkorea.go.kr）の拡充・補完 　－多言語化と実用的な情報の追加 ② 留学希望者本位の留学フェア開催 　－計画段階から大学の参画を促す（大学連合体との共同開催） ③ 戦略的留学生リクルーティングの体系的強化 　－特定国の出身者が多く，語学研修生中心の現状から多角化・多様化を図る Global Korea Scholarship 事業との連携を推進して，優秀な留学生確保のための政府奨学金の拡大，多様な国・大学との交換留学，複数学位制度等を促進
2	留学生入学選考の体系化	① 「外国人留学生選考・管理ガイドライン」策定 　－入学資格として，韓国語能力試験（TOPIK）の4級以上合格またはTOEFLのPBTで550点以上，iBTで80点以上を基準 ② 大学付属語学研修機関（語学堂）支援・管理検討 　－大学（院）入学予備学生を中心として運営するよう誘導 ③ 韓国語能力試験（TOPIK）の活用度向上 　－試験回数の拡大，採点期間短縮，試験時期の調整
3	留学生に対する修学上の利便性向上	① 大学内における留学生専門担当（職員・部署）による支援体制構築 　－留学生数が50人以上200人未満の大学は，専門担当職員を1名配置，200人以上の大学は，職員4名からなる専門担当部署の設置が要件 ② 「外国人留学生コールセンター」の設置・運営 　－留学生の各種問題・不満に対して，電話で相談・案内できる体制の構築 ③ 留学生住居環境および就職環境の改善 　－大学共同の留学生宿舎建設（敷地は地方自治体または大学が提供し，建設費は関係者間で共同負担）(注)，賃貸住宅供給計画などを検討

			－海外進出をしている韓国企業と共同で留学生のためのインターンシップ・プログラムの推進
4	留学生に関する政策上の基盤強化	①	大学に対する定期的な留学生支援・管理に関する実態調査・分析と公示の実施 －大学の国際化に関する評価指標に留学生支援・管理に関する事項（留学生の中途退学率，宿舎入居率，語学研修後の大学進学率等）を含める
		②	「韓国留学総合支援システム」の構築・推進 －留学生に対する入国・入学・在留（ビザ申請・発給を含む）から卒業・出国（一時帰国を含む）までの全過程に関する手続きをオンライン・ベースのサービスで支援 －大学と法務部（出入国・外国人政策本部）および他の政府関係機関の間で留学生に関する編入学，卒業，出国，退学などの変更事項をリアルタイムで共有し，効率的な留学生管理体制を構築
		③	外国人留学生政策に関する専門機関育成 －外国人留学生のリクルーティング・管理を含む国際教育・人材交流に関する政策専門機関を指定し，育成

（注）　大田広域市と8大学による共同の留学生宿舎建設が事例として，たびたび紹介されている
出典：韓国教育科学技術部グローバル人材育成課（2009）『外国人留学生支援・管理改善方案』をもとに筆者作成

　「外国人留学生支援・管理改善方案」は，引き続き留学生リクルーティングの充実と留学生の修学上の支援を向上させることを謳いつつも，留学生選考における最低限の要件，および在籍管理と支援体制の在り方に関する基準を示すだけでなく，その遵守に関する政府の定期的な調査にまで踏み込んでいる点が特徴的である。高等教育機関の安易な留学生受入れを是正すべく，政府は大学側の責任を明確にするとともに，管理強化によって，大学における留学生受入れ・支援体制の向上を図ろうとしている。また，ITに強い韓国の特徴を活かした韓国留学の入り口（募集，入学，入国）から出口（卒業，就職または帰国）までのさまざまな手続きをオンライン・ベースで行えるようなシステムを構築し，そこに蓄積されるデータを大学と政府関係機関が共有することにより，留学生の在籍・在留管理を一元的かつ効率的に行うとする取り組みは画期的といえる。

第4節　留学生受入れの拡大と管理強化

1　韓国留学イメージ向上への取組み

　留学生受入れの量的拡大により（図表5-8），中途退学や不法滞在等の問題が顕在化し，韓国留学のイメージ悪化[21]が懸念される状況となった。2009年3月，世界における韓国の国家としてのブランド・イメージ向上のために設けられた大統領直属の国家ブランド委員会は，留学生対象の奨学金事業を米国のフルブライト奨学金のような国家的ブランドとして発展させるために，韓国政府招請外国人奨学生事業を他の奨学金事業と統合して"Global Korea Scholarship（GKS）"という名称をつけ，2010年より国立国際教育院で一括して実施するという計画を発表した（協力総括課，2009）。

図表5-8　年度別外国人留学生数（2009-2012年）

年度	2009	2010	2011	2012
留学生数	75,850	83,842	89,537	86,878

出典：韓国統計庁（2012）『e国指標　留学生の現況』

　また，韓国の大学の国際化を推し進めるための方策としてアジアの大学間交流プログラムをCAMPUS Asia（Collective Action for Mobility Program of University Students in Asia）と命名し，学生の相互交流を促進することも併せて公表した（協力総括課，2009）。これは2010年4月に開催された第1回日中韓高等教育交流専門家会議において，3か国間の大学間交流パイロット・プログラムにその名称が採択され結実した。会議における3か国間での教育の質保証やパイロット・プログラムの実施に関する議論を受け，2011年にはCAMPUS Asiaプログラムの3か国共同選考が行われ，日中韓の大学が共同で実施する10件の学生交流事業が採択された。3年間で各国から100名ずつ計300名が参加

し，単位互換，共同・複数学位，インターンシップといった施策を組み込んだ事業を実施することになっている（グローバル協力戦略チーム，2011）。将来的には，本プログラムの対象を広くアジア諸国に拡大し，エラスムス・プログラムのアジア版構築に貢献することがねらいとされている。

2　高等教育グローバル化への対応

韓国における外国人留学生受入れの量的拡大は急ピッチで進められたが，韓国人学生の海外留学者数は，それを上回る勢いで伸び続けたため（図表5-9），政府が意図していた教育貿易収支の赤字の改善は果たされなかった（図表5-10）。

図表5-9　年度別海外留学者数（2006-2012年）

年度	2006	2007	2008	2009	2010	2011	2012
海外留学者数	190,364	217,959	216,867	240,949	251,887	262,465	239,213

出典：韓国統計庁（2012）『e国指標 留学生の現況』

図表5-10　年度別教育（留学・研修）貿易収支状況（2006-2012年）

（単位：百万USドル）

年度	2006	2007	2008	2009	2010	2011	2012
教育輸出額	28.0	44.9	54.4	36.3	37.4	128.3	54.6
教育輸入額	4,515.0	5,025.3	4,484.5	3,999.2	4,488.0	4,389.5	4,364.2
留学収支	-4,487.0	-4,980.4	-4,430.1	-3,962.9	-4,450.6	-4,261.2	-4,309.6

（注）　1）教育輸出額：外国人留学生が韓国留学・研修で支出した金額
　　　　　　教育輸入額：韓国人が海外留学・研修のために支出した金額
　　　　2）ここでいう留学・研修には，初等・中等教育から高等教育のレベルまですべて含む
出典：韓国統計庁（2012）『e国指標 留学生の現況』

このため政府は，韓国の教育競争力の強化および教育（留学）貿易収支の赤字改善効果が大きいと思われる政策課題を選定し，2010年8月「グローバル教育サービス活性化方案」を発表した。そこには，海外から韓国への学生と教育機関の誘致，並びに韓国の大学の海外進出を支援する4つの政策解題が以下の

通り掲げられた(グローバル人材育成課ほか,2010)。
① 外国人留学生誘致拡大および質向上
② 優れた海外教育機関の誘致
③ 国内の大学の海外進出支援
④ Eラーニングのグローバル化

まず,①については,留学生受入れ数の伸びがやや鈍化しつつある傾向と留学生の出自国が中国をはじめとする近隣諸国に集中している点をふまえ,(a)より多様な国や地域から留学生をリクルートする方針,(b)政府奨学金であるGKSの拡大,(c)自治体や大学と連携した留学生宿舎の整備,(d)外国人留学生相談センターの拡充,(e)留学生選考における韓国語能力試験(TOPIK)活用の拡大[22],(f)海外に進出している韓国企業への人材供給を目的とした専門大学における外国人留学生向けオーダーメイド・プログラムの支援[23],(g)留学生関係省庁間の情報システムを統合する「韓国留学総合支援システム」の構築,といった留学生のリクルーティングから卒業後の帰国や就職までの過程における各種支援策の拡充と質の向上を目指した施策が提起されている。②については,代表的なものとして,ソウル近郊の松島にSongdo Global University Campusを建設し,欧米有名大学のブランチ・キャンパスを誘致する計画が挙げられる。これにより,韓国人学生の高い海外留学需要への代替案(国内で海外留学を可能とする)を提供するだけでなく,外国人留学生の受入れ拡大(韓国で欧米の大学への留学を可能とする)も意図している。③については,海外に韓国留学準備課程や共同・複数学位のプログラムを開設し,留学生リクルーティングの現地拠点として活用するといった構想が盛り込まれている。④は,韓国の強みであるITを活用して,アセアン諸国でKorea-ASEAN Cyber University と称するEラーニング(遠隔教育)を展開するという計画である(グローバル人材育成課ほか,2010)。

3 外国人留学生受入れの管理強化

上述したような留学生受入れ政策により,留学生数は短期間に急増したが,

それによるひずみも顕著になってきた。2010年12月から2011年1月にかけて，留学生関係省庁・団体合同で大学の外国人留学生管理状況実態調査が行われたが，学事運営不適切や留学生の中途退学率50％以上等の理由により18大学が是正対象となった。その際，是正対象大学への措置だけでなく，留学生の管理が優秀な大学に政府認証を付与する認証制度の実施も示された（グローバル人材育成課，2011）。さらに，教育科学技術部は2011年5月，外国人留学生誘致・管理力量認証制を含む「外国人留学生誘致・管理先進化方案」を策定した。この施策は，安易な留学生受入れによって引き起こされた問題点を改善するための管理強化，および優秀な留学生（人材）の獲得を目的としている。よって，それまでの積極的な留学生の量的拡大を前提とした，ビザによる入国制限と問題校への制裁を中心とする管理体制から，留学生に対する入学，修学，卒業・帰国の全過程を通した管理，および大学の留学生管理能力の強化（大学へのインセンティブ付与を含む）中心への政策への転換を図るものであり，次の6つの主要課題を取り上げている（グローバル人材協力チーム，2011a）。

① 優秀な外国人留学生の戦略的誘致
② 政府合同実態調査の充実
③ 外国人留学生誘致・管理力量認証制の実施
④ 外国人留学生の居住環境改善
⑤ 外国人留学生卒業者の事後管理支援
⑥ 汎省庁推進委員会および専門担当支援組織の設置

この計画の発表と同時期に，韓国社会では与党ハンナラ党議員による大学の授業料を半額にすべきであるという発言を契機として，高額な大学の授業料[24)]に対する学生の反発が表面化し，授業料引き下げを要求する大規模な学生デモが起こった。この問題は，学生本人のみならず学費の捻出に苦しむ家庭の関心をも幅広く集めたため，連日のようにマスコミで論じられるほどの大きな社会問題となった。一部マスコミの中には，韓国人学生が高額な授業料に苦しむ一方，少子化で定員を充足できない一部の大学が財源確保の手段として，留学生には授業料を大幅に減免してリクルーティングをしていると非難する論

調[25]も見られた。結果として,2011年9月教育科学技術部は,急進的かつ厳格な措置[26]を含む大学構造改革策,および国内(韓国人)学生を対象とする大規模な給付奨学金の予算措置[27]を取った。そして,問題ありと指摘された大学が留学生受入れを財源確保の手段として利用し,延命することのないようにすべきであるという議論が高まるなか,外国人留学生誘致・管理力量認証制は実施されることとなった。

　外国人留学生誘致・管理力量認証制では,教育科学技術部と法務部の連携の下,同制度の委員会が申請大学[28]に対して定量的指標と定性的指標によって書面審査(第一次評価)と現地視察(第二次評価)を行ったうえで認証の可否を決定するとした。優良大学には,政府奨学生制度であるGKSへの申請資格付与,在籍する留学生の出入国審査緩和,留学フェアへの参加支援等のインセンティブが与えられる一方,下位15%の大学は,大学構造改革と連携して重点的に選別・管理されることとなった(グローバル人材協力チーム,2011b)。ただし,初年度は,試行的な意味合いもあり,優良大学は模範例として発表されるに留められた。初年度の評価結果は2011年12月に発表され,留学生の誘致・管理能力に優れた10校(4年制大学8校,専門大学2校),ビザ発給制限17校,是正命令7校,コンサルティング対象12校について,大学の実名と評価の詳細が公表された。模範例としての優良大学は,概ねソウルにある有力私大が占め,下位は地方の専門大学のほか,首都圏の4年制大学や女子大学も含まれる結果となった(グローバル人材協力チーム・在留管理課,2011)。その後,初年度の試行実施のレビューを元に,2012年からの本格実施に向けて認証制度の改良が行われた。具体的には,客観性および妥当性を向上させるための評価指標修正(図表5-11〜12参照),3段階の評価方式導入[29],相対評価から絶対評価への変更,法務部による留学生不法滞在率データの補完的利用などである。また,新たに「自己評価報告書」が求められるようになったが(図表5-13参照),これは定量的指標では把握し難い状況を大学が説明できるようにするものである。そして,今後,本制度で認証を受けた大学は,認証校としてのマークを付与され,その有効期間は3年間とされることになった(大学先進化課・大学支援チーム,

第5章　韓国の学生国際交流政策

図表 5-11　定量的指標（4 年制大学）

連番	評価指標	配点
1	外国人専任教員数および比率	2.5
2	海外派遣（送出し）学生数および比率	2.5
3	海外からの交換留学生数および比率	5
4	外国人留学生純粋充足数および充足比率 ①外国人留学生純粋充足数：外国人学生数－国内学生の定員未充足数 ②外国人留学生純粋充足比率：外国人学生比率×国内学生の定員充足率	10
5	外国人留学生中途退学率	35
6	外国人留学生の多様性（留学生数最多国の学生数／全体留学生数）	15
7	留学生誘致を通じた財政健全性（授業料減免率） 外国人留学生1人当りの平均納入授業料／国内学生1人当りの平均納入授業料	20
8	留学生の宿舎入居比率	10

出典：韓国教育科学技術部大学先進化課，韓国研究財団学術振興支援チーム（2012）『2012年度［学士課程］「外国人留学生誘致・管理力量認証制」施行公示』

図表 5-12　絶対指標および基準点（4 年制大学）

絶対指標	認証大学基準	ビザ制限大学基準
①　中途退学率*	6％未満	20％以上
①＊不法滞在率	1％未満	10％以上
②　外国人留学生の多様性	90％未満	95％以上
③　財政健全性	80％以上	60％以下
④　医療保険加入率	80％以上	60％以下
⑤　新入留学生宿舎入居率	25％以上	―
⑥　言語能力（TOPIK 4 級，英語）	30％以上	10％以下

(注)　基本的な絶対指標である中途退学率指標は，法務部の不法滞在率と補完して使用し，ビザ制限の場合，不法滞在率の指標を優先適用する
出典：韓国教育科学技術部大学先進化課，韓国研究財団学術振興支援チーム（2012）『2012年度［学士課程］「外国人留学生誘致・管理力量認証制」施行公示』

2012）。

　外国人留学生誘致・管理力量認証制の本格稼働後は，この認証評価の結果により留学生受入れにおいて適格とされた大学の情報が，Study in Korea のウェブサイト[30]で留学希望者向けに外国語で提供されることになるという（大学先

進化課・教育基盤支援チーム，2013)。

図表 5-13 自己評価報告書（様式）

	領　域	詳　細　項　目
1	大学国際化の ビジョン および特性	1-1. 大学国際化のビジョン 　－国際化と大学発展の連携計画 　－留学生誘致戦略 1-2. 大学の特性化 　－（留学生誘致で）特化した国あるいは分野 　－多様な国際化プログラム事例
2	留学生選抜	2-1. 留学生選考時に修学能力を検証しているか 2-2. 公式な手続きを通じて学生を募集しているか 　－外国人留学生充足のための合理的な選抜方式をもっているか
3	学事管理	3-1. 出席日数 　－外国人留学生の出欠状況を管理しているか 　－外国人留学生の出欠状況はどうか 3-2. 学籍管理 　－外国人留学生の成績分布表：国内学生と比較して外国人留学生が学業成就度をどの程度達成しているか 　－講義計画表，学事日程便覧等が整備されているか
4	留学生管理・支援	4-1. 学習支援 　－学習支援（韓国語，専攻分野等）プログラムがあるか 　－進路指導教授が配置されているか 4-2. 生活支援および相談センター 　－外国人留学生のための専門部署があるか 　－相談センターおよび専門相談員がいるか 4-3. 卒業後の就職等管理 　－卒業後の就職と同窓会等の管理が機能しているか 　－教育サービスについて満足度調査等の管理措置があるか 4-4. 適応支援プログラム 　－外国人留学生の適応のための多様な行事等，各大学において特徴あるプログラムがある場合，加点付与可能
5	その他	大学の特記事項

(注)　1) 大学別 ODA 奨学金についての内容は，簡略な奨学金概要および支給基準等を添付し（5. その他）に記載
　　　2) 評価の公正性のため分量基準（全体で30ページ以内）厳守のこと
出典：韓国教育科学技術部大学先進化課，韓国研究財団学術振興支援チーム（2012）『2012年度［学士課程］「外国人留学生誘致・管理力量認証制」施行公示』

第5章 韓国の学生国際交流政策

4 高等教育国際化推進戦略

外国人留学生誘致・管理力量認証制の確立により，留学ビザ発給制限対象となる大学の基準が明確にされ，留学生に関連する関係省庁と大学のシステムを連携する「韓国留学総合システム」[31]の構築も基本段階が完了した2012年4月，教育科学技術部の諮問機関である教育改革協議会は，高等教育国際化推進戦略における新たなる留学生受入れの数値目標として，2020年までに留学生数を20

図表5-14 高等教育国際化推進戦略 10大政策課題

重点分野	推 進 事 項
国際化大学育成	① インフラ構築のため教育国際化特区内で国際化大学を育成 ② 特区内の国際化大学に限り，外国の高校を卒業した在外国民等の9月入学許可を検討予定 ③ 大学評価認証制[32]，外国人留学生誘致・管理力量認証制等，高等教育質管理のためのシステム構築 ④ 海外での広報と留学生誘致支援のため韓国教育院[33]と韓国文化院[34]を活用[35]
優秀人材および教育・研究機関誘致	⑤ 優秀な留学生誘致のため多様な国で留学フェア[36]等の広報を強化し，GKS（Global Korea Scholarship）[37]奨学生選抜時に修・博士の比重を拡大しGKS同窓生の管理を強化 ⑥ 韓国語能力試験（TOPIK）の拡大[38]，韓国語予備教育強化，国別特化予備課程プログラム支援，及び大学共同宿舎設置支援[39]等の住居環境改善 ⑦ "World-Class University-Brain Korea 21後継事業（案）"を通じ，海外の優秀研究者誘致・研究人材交流活性化，および経済自由区域等を中心とする優秀外国教育機関・研究機関の誘致拡大[40]
大学および大学生の海外進出・交流拡大	⑧ 大学生インターン派遣先国の多様化および海外就職との連携，国内大学の共同・複数学位および多様な交流プログラム（Campus Asia, EU-ICI[41]交流事業等）の拡大 ⑨ 国外分校設置規制緩和と国別オーダーメイド型コンサルティングによる韓国の大学の海外進出積極支援，および教育科学技術部を通じた経済成長支援のための開発途上国対象ODA事業の拡大 ⑩ Eラーニング・ソリューションとコンテンツによるASEAN国家との高等教育交流拡大のため，Korea-ASEAN Cyber Universityを設置・運営，4か国（カンボジア，ラオス，ミャンマー，ベトナム）に設置済のeラーニングセンターを，今後10か国に拡大

出典：韓国国務総理室・韓国教育科学技術部（2012）『第9回教育改革協議会開催』をもとに筆者作成

万人にするという計画を答申した。教育科学技術部は，この高等教育国際化推進戦略について留学生と大学に関するインフラ整備と誘致，国内大学の管理システム整備と海外進出，および交流強化における10大施策を推進することにより（図表5-14参照），韓国高等教育のグローバル競争力を強化し，世界各国の優秀な人材を呼び寄せる一方，国内学生の海外留学需要を吸収し，教育貿易収支も改善されることが期待されるとしている（教育文化女性政策官室・大学先進化課，2012）。

5　留学生受入れ20万人に向けて

新たな留学生20万人誘致計画の具体的な内容については，2012年10月開催の教育改革協議会において，(a) Global Korea Scholarship の事業規模拡大，(b)「韓国留学総合システム」によるワンストップ・サービスの提供，(c) 留学生業務を専門に担当する政府系機関「韓国国際教育振興院」設立，(d) 留学生の修学・生活環境改善を主な柱とする「Study Korea 2020 Project 推進計画（2013〜2020）」が発表された（図表5-15参照）。この計画の施策を達成することにより，高等教育機関における留学生比率を2％（2009年）から5.4％（2020年）に高めて大学の国際化を実現すること，および韓国企業による留学生採用を活性化することで韓国企業のグローバル市場開拓に資することが期待されている[42]（教育文化女性政策官室・グローバル人材協力課・大学先進化課，2012）。

GKSの事業規模拡大に関しては，2013年政府予算案において前年比15％増の605億ウォン，新規招へい人数830名（前年比100％増）が計上されている。「韓国留学総合システム」[43]については，オンラインでの留学手続きが，2011年度の留学生誘致・管理力量認証制で優秀と認定された10大学を対象として，2013年度春学期，秋学期入学から開始される予定となっており，従来よりも手続きが迅速化される見込みである。一方，量的拡大だけでなく，質的向上も目指す転換策の一つであるグローバル交流センターと称する留学生宿舎建設については，その第一号が建設中[44]であるものの2棟目以降の予算措置は未定となっている。また，留学生支援の専門機関設置についても，英国のブリティッ

図表5-15 「Study Korea 2020 Project 推進計画（2013-2020年）」重点分野と推進事項

重点分野	推 進 事 項
Global Korea Scholarship（GKS）の事業規模拡大	・予算規模および新規招聘人数の拡大（2013年605億ウォン，2015年1,000億ウォン，2020年2,000億ウォン） ・GKS基金を設置し，支援規模を安定的に拡大かつ長期的で柔軟な事業運用を目指す
「韓国留学総合システム」によるワンストップ・サービスの提供	・各大学の特徴的な情報をオンラインで提供（各大学の専攻科目，教員，宿舎，韓国語研修プログラム，奨学金情報） ・2011年度外国人留学生誘致・管理力量認証制における優良大学については，2013年度から本総合システムを利用した留学生入学手続開始
反韓感情解消と親韓感情醸成のための就学・生活環境改善	・外国人留学生と韓国社会の円滑なコミュニケーションをはかるための文化プログラム実施（実績あるホームステイ・プログラム団体による韓国文化・生活体験プログラム）：文化体育観光部，韓国観光公社 ・留学生協議会の支援 ・外国人留学生と政府間対話チャネルの確保 ・グローバル交流センター（複合文化空間を備えた外国人留学生宿舎，2015年までに5か所設立推進予定）
「韓国国際教育振興院」設立	・現在の国立国際教育院を政府外独立機関に転換し，外国人留学生専門機関「韓国国際教育振興院」の設立を推進
韓国留学広報および誘致支援	・韓国教育院と韓国文化院の活用
韓国語教育の強化	・GKS奨学生の拠点語学研修機関への支援拡大 ・大学の韓国語予備課程プログラムへの支援拡充 ・現地の大学等教育機関を活用した海外における韓国語教育強化 ・韓国語能力試験（TOPIK）実施の拡大（2011年は年4回，49ヵ国163都市で実施→2014年までに年6回，57ヵ国184都市での実施予定） ➤出願者数推移：26,611名（2005年）→151,166名（2012年）

出典：韓国国務総理室・韓国教育科学技術部（2012）『第12回教育改革協議会開催』をもとに筆者作成

シュ・カウンシルのような機関を想定した構想自体は，2010年8月発表の「グローバル教育サービス活性化方案」をはじめとしてこれまでにも何度か提言されているが，未だ実現をみていない。引き続き今後の動きが注視される状況にある。

20万人という新たな受入れ数値目標は，留学生の量的拡大だけでなく，留学生とその受入れ体制の質的改善を目指す政策転換とともに発表されたものであ

るが，これまで10年余り増加し続けてきた留学生数が2012年には，初めて前年を下回ることとなった（86,878人で前年比2,659人減少）。留学生数減少の理由としては，世界的不況の影響等もあげられているが，留学生誘致・管理力量認証制開始による管理強化の影響は否めず，留学生の出身国の多様性や韓国語能力の高さを重視する指標は，中国1か国からの受入れに偏りがちであったり，韓国語能力が十分でない学生の受入れが多かったり，また首都圏の大学への留学生の転学により中途退学者の多かったりした地方大学には大きな打撃となった。今後は留学生の質を確保しつつ，受入れ目標人数達成をどのように進めるかが大きな課題といえるだろう。

第5節　まとめと日本への示唆

　韓国の留学生政策（Study Korea Project）は，重要な国策と位置づけられ，(a)留学生送出し国から留学生受入れ国（高等教育の輸入国から輸出国）への転換，(b)海外からの高度人材確保を含む国際的な学生流動性に関する課題への取組み，(c)世界的な高等教育サービス産業化への対応，(d)大学の国際化・国際競争力強化を通じて北東アジアにおける高等教育ハブ構築など，韓国における高等教育のパラダイム・シフトを意図した画期的な政策といえる。

　高等教育の量的な成熟度が高い韓国では，大学の国際化と国際競争力を強化し，教育研究の質的な向上を図ることにより，魅力ある留学先として世界的に認知されるよう努力がなされており，国内のトップ大学をワールドクラス・ユニバーシティに押し上げるための支援策と留学生政策がリンクしている。また，国際学生市場における新規参入国であることを認識したうえで，高等教育のグローバル化への対応を留学生政策の重要な柱としている。少子化の影響もあって，韓国の高等教育は供給過剰（定員未充足）の状態にあり，需給バランス調整（大学の学生確保）としての留学生受入れについて，政府は当初肯定的であったが，留学生の中途退学と不法滞在が急増したため，留学生リクルーティングと留学生の管理能力に関する認証評価制度を創設するなど，留学生の質向

上と大学の留学生管理能力を強化する施策を打ち出している。

日本と韓国では，(a) 英語が公用語ではなく，国際学生市場では不利な点，(b) 高等教育における私学の割合が高く，少子化と供給過剰の問題が起きている点，(c) ユニバーサル化した高等教育における質保証の問題に取り組んでいる点，(d) 国際化と国際競争力に傾注している点など文脈的な共通性が高いことから，韓国政府が日本の留学生政策の変遷をよく研究したうえで，Study Korea Project の施策を練ってきたことが伺える。日本の留学生10万人計画では，(a) 留学生獲得のための海外広報・ネットワークが欠如していたこと，(b) 留学生の在学期間中のみの支援に終始していたこと，(c) 英語による教育課程の開発が不足していたことなどが問題点として指摘されている（Ota, 2003）。これらの課題に対して，韓国が留学生政策の比較的早期から取り組んでいることは，時代背景の違いや留学生受入れの後発国としての利点も関係しているが，大学教育のグローバル化への対応に関する日韓での危機感の違いの反映でもある。

留学生受入れにおける今後の課題について，日本と韓国の間では共通するものが多い。たとえば，(a) 国籍の多様化，(b) 高度人材としての留学生確保のための就職支援と実績，(c) 宿舎不足の解消，(d) 学生（収入）確保としての過度の留学生受入れの抑制，(e) 地域での留学生との共生などであり，これらについては，日韓の政府機関と高等教育機関が互いに協力して，より実効性の高い政策を探ることが期待される。

以上のような韓国の留学生政策の考察から，留学生受入れの政策的根拠が多様化し，ハイブリッドなものに発展していることがわかる。OECD（2004）が留学生受入れの基本的な政策的根拠としてあげている，(a) 国際協力・理解モデル，(b) 貿易・ビジネスモデル，(c) 高度人材獲得・移民モデル，(d) 高等教育拡大・補完モデルの4つにおいて，従来，コロンボ・プラン[45]，欧州のエラスムス計画，日本の留学生10万人計画等が示すとおり，(a) が支配的であった。しかし，80年代中頃からの先進国における高等教育財政の急激な悪化（政府の予算削減）により，英語圏を中心として(b)が取り入れられ，さらに少子化，

理数系離れ，知識基盤型社会への移行により，(c)が組み込まれた。また，経済発展を続ける中進国や産油国を中心に高等教育への需要が高まり，その対策として(d)に基づく外国の大学の拠点誘致が始まった。もはや，これら4つのモデルが単独で，各国の留学生政策の中心的根拠を説明できる時代ではない。自国の内外の情勢を分析し，4つのベース・モデルの優先順位を考慮しながら，最適な組み合わせによるハイブリッド・モデルを構築することが，各国の留学生政策における戦略的な取組みの主要な課題となっている。それゆえに，留学生政策は中央政府の各省庁にまたがるハイレベルな国策となっている。日本の場合，留学生10万人計画時代は，周囲に目立ったライバル国もなく，アジアで唯一国策として積極的に留学生受入れに取り組んでいる国として，比較的容易に多くの留学生をひきつけることができた。しかし，今は韓国だけでなく，中国，マレーシア，シンガポールと近隣諸国の多くが，留学生受入れを高いレベルの国策と位置づけ，力を入れており，それらのライバル国との差別化をどう図るかが，日本の今後の留学生政策における成否の鍵を握っているといっても過言ではない。10万人計画の理念のひとつでもあった「大学国際化のための留学生受入れ」の時代から「国際化した大学に留学生が集まる」というグローバルな高等教育環境における国際的な学生流動性の継続的な拡大（留学の大衆化）が起こっており，日本の政府と大学は，各国の戦略的留学生政策を十分に研究し，アジアにおける代表的な高等教育拠点形成をいかに進めるかという視点での施策を構築することが求められている。

注
1) 韓国では，「専門大学」と呼ばれているもの。本稿では日本の制度で対応する短期大学を使用。
2) 高等教育機関には，専門大学，大学，産業大学，教育大学，放送通信大学，技術大学，各種学校が含まれる。進学率の算出にあたっては国外進学者も含み，2011年より実際の入学者数を基礎データとしている（2010年以前は合格者数を基準としていたため，入学者数を基準とする場合より，進学率が数％程度高かった）。
3) 2001年の18校から2012年の43校へと増加。

4) 2011年の外国人留学生数は，89,537人で過去最高を記録したが，2012年は留学生誘致政策開始以来，前年比3％（2,659名）減少した（教育統計課・教育統計研究センター，2012）。
5) ただし，このOECD諸国における留学生率の平均値は，2010年現在のもの（OECD, 2012）。
6) 中国人留学生の比率が年々増加し2009年には70.5％に達したが，留学生誘致国を多様化する政策により近年減少に転じた。
7) オンライン韓国留学案内については，次のサイトを参照のこと。
http://studyinkorea.go.kr/
8) 韓国から米国への留学者数（語学研修は除く）は，1993年の3.1万人から，2003年の5.2万人へと10年間で2.1万人増加した（Institute of International Education, 2007）。
9) 現在の名称は教育部。
10) 現在の名称は教育部。韓国の教育担当省庁は，教育人的資源部，教育科学技術部，そして教育部と名称が変わってきた。
11) 2005年，韓国の合計特殊出生率は1.08（ただし，2011年には1.24まで上昇している）で，高齢化社会を迎えるまでにかかる期間は19年と試算されており，日本の24年，英国の47年より早いと予測されている。
12) Martin Trowは，高等教育の性格的な変化が同一年齢層における大学進学率により変化することに着眼し，エリート型（15％まで），マス型（15％から50％まで），ユニバーサル（アクセス）型（50％以上）高等教育というモデルを提唱した。「トロウ・モデル」として，各国の高等教育の基本的な分類に使われる。
13) 世界水準の大学院を育成し，優秀な研究人材を養成するために修士・博士課程院生および新進の研究人材（博士号取得後の研究員と契約教授）を集中的に支援する，1999年に開始された高等教育人材養成プログラム。
14) 研究能力が高い優れた海外研究者を誘致，活用し，国内の大学の教育・研究競争力をワールドクラスに高めることに主眼を置いている事業。
15) 4年制大学の定員未充足率は，2002年の5.5％から2003年には9.3％に上昇。短期大学も同様に2002年の7.8％から2003年には17.6％へと急激に上昇した。
16) 在外公館，韓国教育院（海外同胞のための在外教育機関），韓国文化院，韓国文化広報院，広報館，KOTRA（大韓貿易投資振興公社），韓国観光公社，KOICA（韓国国際協力団），韓国輸出入銀行海外支社，韓国教育院等。
17) 世宗学堂と呼ばれ，世界100か所での設置を目指している。

18) 韓国とサウジアラビアは，2007年に高等教育交流協定を締結し，それに基づく学生交流事業を行っている。
19) 経済発展がいちじるしいブラジル（Brazil），ロシア（Russia），インド（India），中国（China）の頭文字を合わせた4か国の総称。
20) この予算は，現在ではなくなっている。
21) 2011年2月に韓国貿易協会国際貿易研究院が実施した日本と韓国に留学中の中国人留学生を対象とするアンケート調査結果では，母国の知人に留学を勧めるかという設問に関し，日本留学への勧誘について否定的回答が8.5％であるのに対し，韓国留学への勧誘については23.3％が否定的であった（韓国貿易協会国際貿易研究院，2011）。
22) 現行の一般的な語学試験（Standard TOPIK）とは別に，留学生用試験（Academic TOPIK）を2012年までに開発することが計画されたが，その後実施時期は延期されている。
23) 政府の支援策として，2010年より「国際化拠点専門大学育成事業（Global Hub College）」が3年間の計画で実施されている。この事業の支援を受ける専門大学は，海外に進出している韓国企業の現地での人材需要を把握し，それに応じた協約形態で当該企業の委託を受けて，留学生に職業技術教育を実施する（予算は3年間で90億ウォン）。
24) 2010年の経済協力開発機構（OECD）教育指標によると，韓国の大学の学費は米国に次いで2番目に高いとされている（タク，2011）。
25) 一部の大学が留学生リクルーティングのため授業料を最大75％まで減免していることに対する韓国人学生の反発や，中国に留学する韓国人学生は中国人の5倍の授業料を負担しているといった報道が見られた（ユ，2011b，c）。
26) 2011年9月，教育科学技術部は明信大学（私立4年制大学）と成和大学（私立専門大学）に対し，横領，校費の違法執行，および授業日数不足の学生の成績付与等のため閉校を警告し，同年12月に閉校命令を出した（ユ，2011a）。また，運営が非効率とみなされた国立大学5校を「構造改革の重点推進国立大学」に指定し（アン，2011c），定員割れが深刻，あるいは就職率が低調といった問題のある私立大学43校を「政府財政支援制限大学」に指定した（アン，2011a）。
27) 2011年9月，教育科学技術部は，低所得層における2割程度の授業料負担減免を目的とする，国家奨学金1.5兆ウォンの投入を発表した（アン，2011b）。
28) 学資金貸出（韓国人学生対象の教育資金貸出し制度）制限対象となった大学，留学生中途退学率20％以上の大学，書類に虚偽のあった大学，およびその他の問題が

発覚した大学は申請対象外とされた。
29) 第1段階：定量的指標の評価結果により，上位3割の大学を選定する。第2段階：上位大学で絶対指標の「認証大学基準」を満たしている場合，認証大学候補群に選定し，下位大学で「ビザ制限大学基準」に該当する場合，ビザ制限大学候補群に選定する。第3段階：認証大学候補群とビザ制限大学候補群となった大学の自己評価報告書を検証するとともに，認証委員会が現地視察による評価を実施し，最終的に認証大学とビザ制限大学を選定する。
30) 次のウェブサイトを参照のこと。http://www.studyinkorea.go.kr/en/main.do
31) 2011年に16億ウォン（約1億1,200万円）の予算を投じて入学申請・許可およびデータベース管理に関する各大学，教育科学技術部のシステムを連携することを目的に構築されたオンライン・システム。2012年よりテスト運営がスタートし，入国・入学から卒業・出国まで一括管理するワンストップ・サービスが提供される予定。
32) 韓国大学教育協議会付設の韓国大学評価院が実施する機関別認証評価。2014年より，評価結果が教育科学技術部の教育力量強化事業等の財政支援に反映される予定。
33) 海外の学校での韓国語科目開設支援，韓国人留学生相談と外国人留学生誘致支援，韓国語学校教育活動支援等を業務とする組織で，2012年7月現在，16か国38都市に設置されている。
34) 2012年7月現在，20か国24都市に設置されている。
35) 世界各国での韓国文化と韓国語への関心向上のため，別々に設置されていた韓国教育院と韓国文化院の統合を目的として，在外国民の教育支援等に関する法律の一部改正法案が2012年7月に国会に提出された（在外同胞教育担当官，2012）。
36) 国立国際教育院によって実施されており，2012年は11か国（タイ，ケニア，キルギスタン，カザフスタン，サウジアラビア，中国，米国，カンボジア，チリ，ブラジル，台湾）で開催された。
37) 2012年の予算ベースでの招聘人数は，政府招請外国人奨学生事業（KGSP）は2,222名，GKSのその他の外国人留学生を対象とするプログラム（優秀交換学生支援（KGSE）297名，優秀私費留学生支援（KGSF）200名，日韓大学生交流（KJEP）100名，主要国家大学生招請研修（KGSM）120名）も加えると合計2,939名（谷口編，2012）。
38) 国立国際教育院が実施している外国人向けの韓国語能力試験。韓国内で年4回（海外では年2回）行われている。2012年より新たな採点システムを導入し，採点期間が2週間から4日に短縮される予定。

39) 韓国私学振興財団，自治体，および大学コンソーシアムが主体となり，グローバル交流センター建設事業第一号の慶北グローバル交流センター（宿舎）を嶺南大キャンパス内に建設予定（韓国私学振興財団，2012）。
40) 2012年，Songdo Global University Campus に韓国ニューヨーク州立大学が開校し，ユタ大学（米国）とゲント大学（ベルギー）が2014年の開校に向けて準備中。
41) European Union-Industrialized Countries Instrument の略。韓国政府が欧州連合（EU）と実施する教育連携プログラムの一環であり，韓国の大学と欧州の大学が共同で行う学生交流プロジェクトを支援するもの。日本では，ICI ECP（Industrialized Countries Instrument Education Co-operation Programme）［Double Degree projects］とされている。次のウェブサイトを参照のこと。
http://www.jasso.go.jp/scholarship/iciecp.html（2013年8月11日検索）
42) 国立国際教育院と大韓貿易投資振興公社が共同で実施している「外国人留学生就職フェア」の2012年実施実績は求職者3,296名，参加企業110社であった。また，全国初の中国人留学生就職フェアが2012年10月に建国大学を会場として開催され，中国に進出している韓国企業60社余りが参加した。
43) 注31) 参照のこと。
44) 注39) 参照のこと。
45) コロンボ・プランは，第二次世界大戦後，最も早く組織された開発途上国援助のための国際機関で，正式名称は「アジア及び太平洋の共同的経済社会開発のためのコロンボ・プラン」。主に技術協力を通じて，アジア太平洋地域の国々の経済・社会開発を促進し，その生活水準を向上させることを目的としており，1951年に活動を開始した。

＜参考文献＞
＜和文献＞
アン・ソクペ（2011a）「円光大，牧園大など43校への政府支援中断」『朝鮮日報（日本語版）』2011年9月6日
アン・ソクペ（2011b）「低所得世帯の大学生100万人，授業料22％軽減へ」『朝鮮日報（日本語版）』2011年9月9日
アン・ソクペ（2011c）「国立大でも構造調整が本格化」『朝鮮日報（日本語版）』2011年9月24日
タク・サンフン（2011）「大学の学費が世界で2番目に高い韓国」『朝鮮日報（日本語版）』2011年6月6日

谷口吉弘編（2012）『各国政府外国人留学生奨学金等による修了生へのフォローアップ方策に関する調査研究』平成23年度文部科学省先導的大学改革推進委託事業調査研究報告書，立命館大学
日本学生支援機構（2007）『韓国留学:韓国留学資料集』
http://www.jasso.go.jp/study_a/oversea_info_korea_f.html（2013年5月15日検索）
パク・ジョンヒョン（2004）「外国留学生数，5万人まで増大へ」『朝鮮日報（日本語版）』2004年12月6日
朴琴順（2005）「ビザ発給条件を緩和・在外公館でＰＲ」『朝日新聞アジアネットワークリポート2005』朝日新聞社，pp. 17-18
ユ・ソクチェ（2011a）「韓国政府，明信大・成和大に閉鎖戒告」『朝鮮日報（日本語版）』2011年9月7日
ユ・マディ（2011b）「韓国の一部大学，留学生の学費を大幅に優遇」『朝鮮日報（日本語版）』2011年6月27日
横田雅弘・坪井健・白土悟・太田浩・工藤和宏（2005）「21世紀韓国大学の国際化のための新プロジェクト」『アジア太平洋諸国の留学生受け入れ政策と中国の動向』一橋大学留学生センター，pp. 335-344

韓国語

韓国教育開発院（2012）『教育統計年報』教育統計サービス
http://cesi.kedi.re.kr/（2013年5月14日検索）
韓国私学振興財団（2012）『グローバル交流センター建設事業』韓国私学振興財団
http://www.kfpp.or.kr/02_fin/09_08.asp（2012年8月17日検索）
韓国統計庁（2012）『留学生の現況』，e国指標
http://www.index.go.kr/egams/stts/jsp/potal/stts/PO_STTS_IdxMain.jsp?idx_cd=1534（2012年9月3日検索）
韓国貿易協会国際貿易研究院（2011）「韓国と日本の中国人留学生誘致戦略比較研究」『Trade Focus』Vol. 10, No. 17
カン・ヨンスン（2004）『21世紀韓国大学の国際化のための新プロジェクト』韓国教育人的資源部国際教育協力課
キム・ジンヒョン（2012）『高等教育のグローバル政策現況及び発展方案』2012年度第1回大学国際化フォーラム
教育統計課・教育統計研究センター（2012）『2012年教育基本統計調査結果発表』韓国教育科学技術部・韓国教育開発院
教育文化女性政策官室・大学先進化課（2012）『第9回教育改革協議会開催』韓国国

務総理室・韓国教育科学技術部
教育文化女性政策官室・グローバル人材協力課・大学先進化課（2012）『第12回教育改革協議会開催』韓国国務総理室・韓国教育科学技術部
協力総括課（2009）『―国家ブランド委員会第一回大統領報告大会―教育科学技術部，"Global Korea Scholarship"発表』韓国教育科学技術部
グローバル人材育成課（2009）『外国人留学生支援・管理改善方案』韓国教育科学技術部
グローバル人材育成課・私立大学支援課・Eラーニング育成課（2010）『グローバル教育サービス活性化方案発表』韓国教育科学技術部
グローバル協力戦略チーム（2011）『韓中日間大学生交流プログラム「キャンパスアジア」モデル事業，今年から施行』韓国教育科学技術部
グローバル人材育成課（2011）『国内の大学の留学生管理レベルを強化へ』韓国教育科学技術部
グローバル人材協力チーム（2011a）『大学の外国人留学生誘致・管理力量認証制の実施』韓国教育科学技術部
グローバル人材協力チーム（2011b）『外国人留学生誘致・管理力量認証制申請資格決定』韓国教育科学技術部
グローバル人材協力チーム・在留管理課（2011）『外国人留学生誘致・管理力量認証制評価結果』韓国教育科学技術部・韓国法務部
在外同胞教育課（2008）『Study Korea Project 発展方案』韓国教育科学技術部
在外同胞教育担当官（2012）『海外の韓国教育院と文化院の統合推進』韓国教育科学技術部
ジョン・ウホン（2006）『外国人留学生誘致政策（Study Korea Project)』韓国教育人的資源部在外同胞教育課
大学先進化課・大学支援チーム（2012）『2012年度［学士課程］「外国人留学生誘致・管理力量認証制」実施』韓国教育科学技術部・韓国研究財団
大学先進化課・学術振興支援チーム（2012）『2012年度［学士課程］「外国人留学生誘致・管理力量認証制」施行公示』韓国教育科学技術部・韓国研究財団
大学先進化課・教育基盤支援チーム（2013）『30校の留学生誘致管理力量認証書授与』韓国教育科学技術部・韓国研究財団
ユ・マディ（2011c）「中国の大学は『5倍の授業料』」『朝鮮日報』2011年6月27日

＜欧文献＞

Institute of International Education (2007), "Country Background: Korea", *Open Doors: Report on International Educational Exchange*, November 12, 2007. http://opendoors.iienetwork.org/?p=113181（2013年5月14日検索）

Kang, S., "Admission Rules for Foreign Students to Be Tightened", Korea Times, September 21. http://www.koreatimes.co.kr/www/news/nation/2009/10/117_52207.html（2013年5月29日検索）

KBS: Korean Broadcasting System, "A Good Chance to Study in South Korea", *News in Zoom-KBS Global News*, December 2004. http://english.kbs.co.kr/news/_in_zoom_view.html?No=ISO（2013年5月28日検索）

Kim, K. S., and Nam, S. H. (2007) "The Making of a World-Class University at the Periphery: Seoul National University," Philip G. Altbach (ed), In *World Class Worldwide: Transforming Research Universities in Asia and Latin America*: Pittsburgh, Johns Hopkins University Press.

Organization for Economic Co-operation and Development(OECD) (2012) *Education at a Glance 2012: OECD Indicators*.

Ota, H. (2003), "The International Student 100,000 Plan", *Center for Student Exchange Journal*, Vol. 6, pp. 27-51.

Yoon, S., "Gov't Sets 100,000 International Student Goal by 2012", *Korea Net*, August 5, 2008. http://www.korea.net/NewsFocus/Policies/view?articleId=73168（2013年5月29日検索）

第2部

「日本人学生の国際志向性と外国人留学生受入れ観」調査

第6章　調査の概要

1　調査実施者と執筆者

本調査は明治大学国際日本学部の2010-2011年度横田雅弘ゼミナールにおいて企画，実施されたものである[1]。

2　調査実施期間

調査は，およそ次のスケジュールで実施された。

研究テーマの決定	2010年4月
調査票の作成	2010年5月～7月
調査票の配布と回収	2010年8月～11月
集計と分析	2010年12月～2011年7月
韓国調査（ハングル版）の配布と回収	2011年6月～7月
APUでの発表と聞き取り調査	2011年8月
文部科学省での発表と意見交換	2012年3月

3　調査票作成の経緯

調査票「留学生受入れに関する大学生アンケート」（巻末参照）は，先行研究として坪井健（1994）などを参考にたたき台を作成した。その後，留学生政策に携わる研究者であり，本書の執筆陣でもある太田浩一橋大学留学生センター教授と坪井健駒澤大学文学部教授からコメントを頂き，調査票暫定版を作成した。それを用いて明治大学の日本人学生35名を対象とするパイロット調査を実施し，その結果を反映させて調査票完成版とした。

調査票は，A4用紙4ページ分（A3両面刷り1枚）で，回答者の属性や留

学生受入れに対する態度，日本の留学生受入れに関する知識，自分自身の海外留学への関心や国際的な仕事への関心，自由記述欄，今後の追加調査への参加の可否などから成る。回答は7分程度で終えることのできる分量とした。

4　調査実施校，有効回答，分析手法の概要

調査実施校は国内15大学（国立4，私立11）で，比較的規模の大きな大学が多い。調査票は各大学の教員の協力のもとに取りまとめて頂いた。その際，できるだけ回答が偏らないように国際関係の授業や語学の授業などを避け，多様な学生が出席するような教養科目等の授業での実施をお願いした。

なお，国際的な教育に注力している立命館アジア太平洋大学（以下APUとする）[2]と明治大学国際日本学部（以下国日とする）[3]の2校の調査票については，国際化傾向が高く出てしまう可能性があるために，項目によっては全体から抜いて集計し，またそれらを独自に取り出して国際化推進大学群とし，その他の一般大学群と比較して分析した。

有効回答は2,247票であったが，今回の集計では大学院生ならびに留学生等日本国籍以外のサンプルを除いた日本人学部生としたため，これらのデータは今回の分析からは削除した。また，回答に空白が多いものや不自然な点が見られるデータを取り除くデータクリーニングを実施し，結果的に1,997票を分析の対象とした。この内，APUは89票，国日は300票である。なお，留学生については別途発表する予定である。

分析対象者の性別，文系と理系，学年の割合は以下の通りである。男性45.8%（914人），女性54.2%（1,082人）／文系87.6%（1,750人），理系12.3%（245人）／1年生35.1%（693人），2年生34.2%（676人），3年生22.8%（451人），4年生7.9%（156人）。圧倒的に文系が多いことと4年生のサンプルが少ないことは，検定等は行っているものの，結果を読むために注意が必要である。

分析は，各問において基本統計量と必要なクロス集計，問12（30問）の因子分析，海外への関心指標（「留学生への関心」，「海外留学への関心」，「国際的な仕事への関心」）を被説明変数とする重回帰分析をSPSSを用いて実施した[4]。自

由記述欄については KJ 法[5)]を用いて整理した。

　なお，参考のために実施した海外調査は韓国ソウルの私立 3 大学で，433票である。分析対象者の性別ならびに学年の割合は以下の通りである。男性31.7%（137人），女性68.3%（295人）／1 年生28.9%（125人），2 年生22.9%（99人），3 年生26.8%（116人），4 年生21.0%（91人）。分析については，サンプル数が少ないので，あくまで参考として傾向を見るにとどめた。

5　韓国，APU での調査活動と文部科学省ならびに異文化間教育学会での発表

　2010年 8 月に韓国ソウルの日本語学校／日本留学予備校であるモーニングエデューで日本への留学を希望する学生とのディスカッションを行い，慶熙（キョンヒ）大学では留学生担当者による慶熙大学の留学生政策の説明と KEDI の金美蘭先生の講義（韓国の留学生政策）を受け，慶熙大学の学生有志とのディスカッションを行った。

　2011年 8 月には立命館アジア太平洋大学（以下 APU）で調査のプレゼンテーションを行い，APU の日本人学生の留学生に対する意識について意見交換を行った。

　2012年 3 月には文部科学省で調査のプレゼンテーションを行った。現在の日本人大学生の国際志向性と留学生受入れ観についての本調査結果を基にしたカリキュラムやプログラムの創設が重要であるとの認識に至り，さらなる追加調査の実施も期待された。

　2013年 6 月には異文化間教育学会第34回大会（於：日本大学文理学部）で筆者の一人である竹田理貴が調査結果を発表し，会場より貴重なコメントをいただいた。みなさまからの多くの有益なコメントにこの場を借りて感謝したい。

6　今後の発展的調査

　今後の発展の方向として，今回の調査対象大学が比較的規模の大きな大学や国際化に注力している大学が多いことから，地方にキャンパスがある大学や小規模な大学，留学生がまだ少ない大学などに在籍する学生を対象とした調査も

必要であると思われる。また，今回は国際志向性の高い学生の分析に焦点が当てられていたが，そうでない学生についての分析も価値がある。今後の検討課題としたい。

注
1) 本調査メンバー：横田雅弘（担当教授），オウ・イキン（中国人留学生），河野有紀，キム・ハンナ（韓国人留学生），日下理恵子，竹田理貴，松本詠夢，村上至。
2) 立命館アジア太平洋大学（Ritsumeikan Asia Pacific University），通称 APU は，学生の半数を留学生とすることを謳い，83か国・地域から約2500人の留学生が在籍（2012年5月付）するなど国際性に富んだ大学として有名である。
3) 明治大学国際日本学部，通称国日は，日本の文化・社会を世界に発信することを謳って2008年に開学した学部で，2013年現在学生の約2割が留学生である。
4) 統計解析上の作業は，一橋大学大学院社会学研究科（当時）の小森めぐみ氏ならびに伊藤彬氏に依頼し，その後も統計解析に関してアドバイスを頂いた。この場を借りてお礼申し上げたい。
5) KJ法とは，文化人類学者の川喜田二郎が考案したカードを用いて断片的データを再構成し，新たな枠組みと全体像を見出す手法。川喜田二郎（1967）『発想法』中公新書。

＜参考文献＞
坪井健（1994）『国際化時代の日本の学生』学文社

第7章　日本人学生の国際志向性

第1節　内向き志向は本当か

　OECDの統計に基づく文部科学省の発表によると，日本人の海外留学者数は2004年の82,945人をピークに減少しており，2009年には59,923人，2010年では58,060人であった（図表7-1）。日本人学生の主要な留学先である米国についても，他国からの留学は一様に増加しているにもかかわらず，主要国では日本だけが減少しており，その原因が日本人学生の内向き志向にあるという指摘がよく聞かれる。第1部第3章でこのテーマが考察されているが，ここでは調査結果から報告する。

　なお，分析対象者全体は1,997人であるが，立命館アジア太平洋大学（以下APUとする）と明治大学国際日本学部（以下国日とする）の両者は国際化の推進に力を入れている大学（学部）で，一般の大学に所属する学生よりも国際志向が強いと推察されるため，APUと国日を国際化推進大学群（391人）として，その他の一般大学群（1,606人）と区別して比較した。ただし，図表では一般的な学生の意識を中心に見るため，一般大学群のデータのみ示す。

1　海外経験の有無

　一般大学群をみると，海外経験があると答えた学生は58.2％（933人）で，過半数が何らかの海外経験をもっていた。海外経験者の渡航目的（複数回答）は「旅行」が76.0％（709人），「留学・研修」が38.4％（358人），「帰国子女」が8.0％（75人），「その他」が5.9％（55人）で，やはり旅行が圧倒的に多い。一方，国際化推進大学群では，海外経験があると答えた学生は81.3％（318人）

157

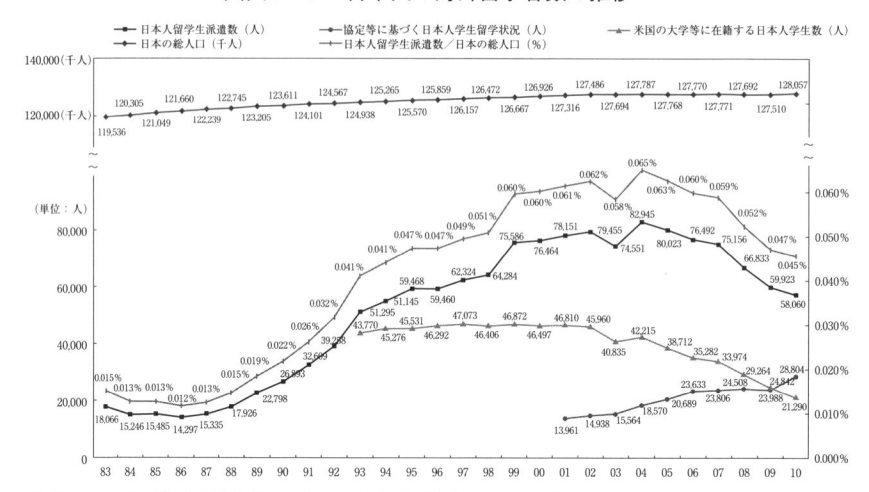

第２部 「日本人学生の国際志向性と外国人留学生受入れ観」調査

図表７-１　日本人の海外留学者数の推移[1]）

出典：日本人の海外留学者数：ユネスコ文化統計年鑑，OECD「Education at a Glance」，IIE「Open Doors」等，（株式会社ディスコ提供）

と，８割を超える結果であった。海外経験者の渡航目的（複数回答）は「旅行」が76.4%（243人），「留学・研修」が59.4%（189人），「帰国子女」が6.3%（20人），「その他」が5.3%（17人）で，一般大学群と比較すると，渡航目的の大半が旅行であることに変わりはないが，留学の割合では国際化推進大学群が一般大学群よりも大幅に高かった。

2　海外留学への関心（図表７-２，図表７-３）

一般大学群をみると，海外留学への関心で「少し行きたい」「非常に行きたい」を選択した回答者は51.2%（981人）と，留学に対して積極的な学生が半数を占めている。反対に「全く行きたくない」「あまり行きたくない」と答えた学生は25.9%（414人）とほぼ４人に１人しかおらず，留学への関心は一般大学群でも決して低くない。一方，国際化推進大学群では，海外留学に「少し行きたい」「非常に行きたい」を合わせると80.6%（315人）に達している。「全く行きたくない」「あまり行きたくない」は9.2%（36人）しかおらず，留

学への関心は極めて高い。この数字を見る限り，第１部では海外留学に積極的な学生と消極的な学生が２極化（「ツインピークス」）しているとされたが，少なくとも比較的規模の大きな大学の学生でみると，積極的な学生の方が多いのではないかと思われる。

　本書の執筆者でもある小林明（2011）によると，日本人の海外留学を阻害する要因は，①経済的な理由，②語学力不足，③就職活動の時期との重複の３つに集約されているという。「大学データブック2012」（ベネッセ教育研究開発センター，2012）においても，留学未経験者が感じる留学の阻害要因は圧倒的に経済的な理由である（図表７-３）。経済的に余裕のない学生（親）にとっては，留学そのものにかかる経費というだけでなく，「４年間で卒業する」ことを一番に考えなければならない。2013年度から就職活動の時期が遅らせられたとはいえ，３年生後期に日本にいなければ，他の学生と同様には就職活動ができないし，そもそも４年間で卒業することができないかもしれない。現在就職活動を４年生から始める方針が検討されているが，実現すれば，留学を検討している者にとっていくらかは状況の改善となるであろう。

　語学力不足については，プログラムへの応募要件として英語圏であればTOEFL等のスコアが課されること，また，自分の語学力では海外に行っても通用しないのではないかという懸念が考えられる。留学にはある程度の語学力が必要なのは当然であるが，もともと語学が得意な学生だけでなく，語学力の要件を満たさない学生にもチャンスを与えたり，語学力を上げるための学習支援を行うなど，大学側の支援体制も重要である。留学当初は大学附置の英語集中コースに入り，一定のレベルに達すると専門の授業を受けられるシステムをもつ欧米の大学は少なくない。日本の大学が，後半の専門の授業だけでなく，英語集中コースでの勉強も含めて単位認定ができるシステムを作れば，４年間で卒業できる可能性も高まり，留学のハードルはかなり下がるだろう。すでにそのようなシステムをもつ日本の大学も増えてきている。本調査の自由記述で得られたコメントでは，「留学に行きたくても就職活動で不利になる」，「周りが就職活動をしている間に留学するのは心配」，「日本社会が学生の海外留学に

もっと協力的であるべきだ」と，海外留学制度の充実や気軽さ，就職活動時期の対応を求める声があった。留学のプラス面を学生や企業に積極的に伝えて，精神面でも資金面でもさらなる支援を続けていく必要がある。

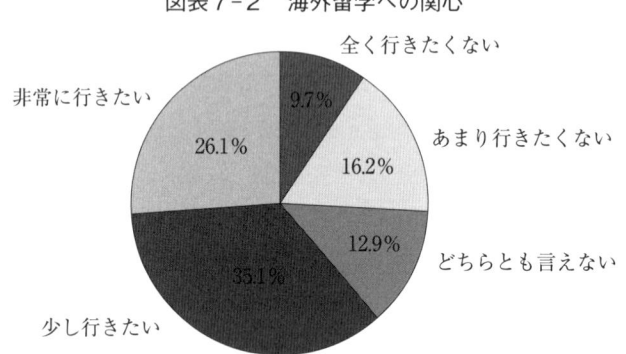

図表7-2　海外留学への関心

- 全く行きたくない　9.7%
- あまり行きたくない　16.2%
- どちらとも言えない　12.9%
- 少し行きたい　35.1%
- 非常に行きたい　26.1%

図表7-3　留学を決断するときの阻害要因（留学未経験者）[2]

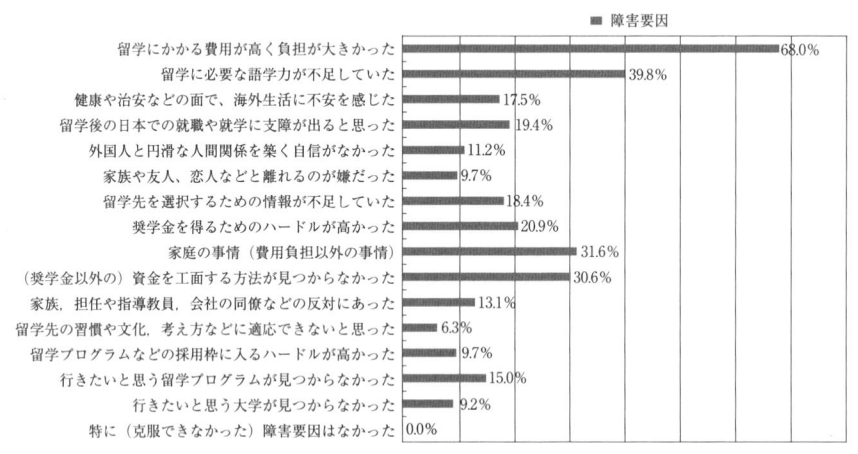

■障害要因

項目	割合
留学にかかる費用が高く負担が大きかった	68.0%
留学に必要な語学力が不足していた	39.8%
健康や治安などの面で，海外生活に不安を感じた	17.5%
留学後の日本での就職や就学に支障が出ると思った	19.4%
外国人と円滑な人間関係を築く自信がなかった	11.2%
家族や友人，恋人などと離れるのが嫌だった	9.7%
留学先を選択するための情報が不足していた	18.4%
奨学金を得るためのハードルが高かった	20.9%
家庭の事情（費用負担以外の事情）	31.6%
（奨学金以外の）資金を工面する方法が見つからなかった	30.6%
家族，担任や指導教員，会社の同僚などの反対にあった	13.1%
留学先の習慣や文化，考え方などに適応できないと思った	6.3%
留学プログラムなどの採用枠に入るハードルが高かった	9.7%
行きたいと思う留学プログラムが見つからなかった	15.0%
行きたいと思う大学が見つからなかった	9.2%
特に（克服できなかった）障害要因はなかった	0.0%

出典：ベネッセ教育開発研究センター「大学データブック2012」

3　国際的な仕事への関心（図表7-4，図表7-5）

一般大学群をみると，国際的な仕事への関心でも，「少し関心がある」と

「非常に関心がある」を合わせて55％（882人）と，過半数の学生が積極的であった。一方，国際化推進大学群では，「非常に関心がある」が43.5％で非常に高く，「少し関心がある」を合わせると79.0％（309人）と，8割の学生が積極的であった。

野村総合研究所が20代〜30代の若者を対象に実施した2010年の調査では，「外国人の友人を持つこと」，「外国語で外国人とコミュニケーションを行うこと」については積極的である一方で，海外での就労や定住に関しては受容性が低いという結果が出ている。また，欧米先進国での就労に比べて新興国（BRICs，VISTA）での就労については低い受容性がみられた。

しかし，ベネッセ教育総合研究所が全国の大学生を対象に実施した2013年の調査（対象者1,133人）では，「将来ぜひ海外で暮らし，世界を舞台に活躍する仕事や研究をしたい」学生は，「とてもそう思う」（11.3％）と「まあそう思う」（21.1％）を合わせておよそ3人に1人存在する。「ぜひとは思わないが，海外で仕事や研究をすることに抵抗はない」になるとさらに増加し，合わせて47.1％と半数近い。また，「東南アジアや南米など，欧米以外の新興国に行くことに抵抗はない」も「とてもそう思う」（10.9％）と「まあそう思う」（28.9％）を合わせて4割近く存在し，大学生ではより海外での仕事への抵抗感が少なくなっているのか，あるいはこの3年の調査時期のずれによってより抵抗感が少なくなっているのかもしれない。本調査の結果をみると，ベネッセ教育総合研究所の結果と近いものになっている。

しかしながら，経済産業省の下に設置されたグローバル人材育成委員会の報告書（2010）によると，日本企業の海外進出は必ずしも成功しているとはいえず，現在課題となっているのは企業の国際化を推進する役割を担う国内の人材の確保・育成である。そして，そのような人材とは，「社会人基礎力」「外国語でのコミュニケーション能力」「異文化理解・活用力」をもった者であるという。留学経験があるからといってこれらの能力が高いことを保証するわけではないが，語学力の向上はもちろん，異国での生活を経験し，異文化に柔軟に対応する力を身につける上で留学経験が大きなインパクトをもつことは明らかで

あり，今後は企業もこのような経験をより重視するようになると思われる。

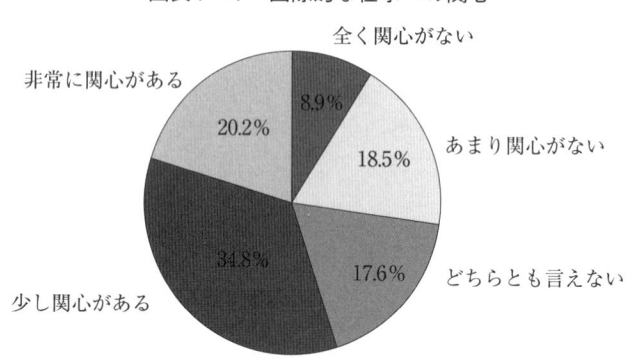

図表7-4 国際的な仕事への関心

- 全く関心がない 8.9%
- あまり関心がない 18.5%
- どちらとも言えない 17.6%
- 少し関心がある 34.8%
- 非常に関心がある 20.2%

図表7-5 海外拠点の設置・運営にあたっての課題[3)]

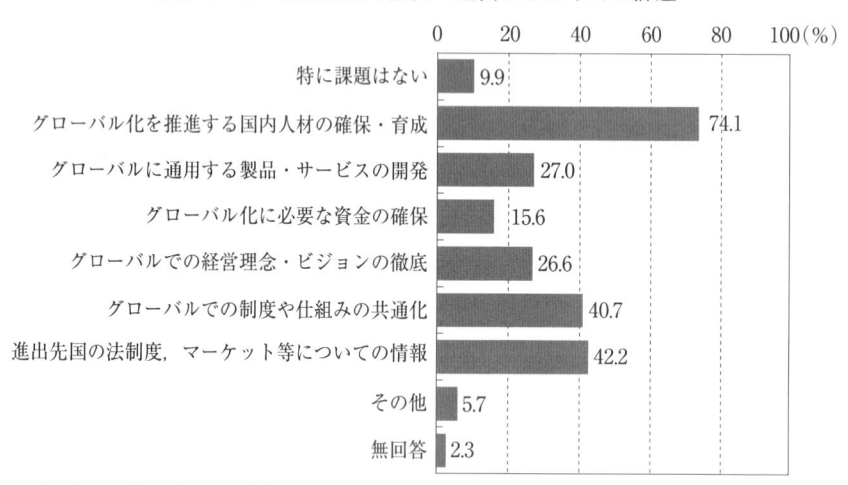

項目	%
特に課題はない	9.9
グローバル化を推進する国内人材の確保・育成	74.1
グローバルに通用する製品・サービスの開発	27.0
グローバル化に必要な資金の確保	15.6
グローバルでの経営理念・ビジョンの徹底	26.6
グローバルでの制度や仕組みの共通化	40.7
進出先国の法制度，マーケット等についての情報	42.2
その他	5.7
無回答	2.3

出典：経済産業省（2010）「報告書〜産官学でグローバル人材の育成を〜」

4 留学生の友人の有無

留学生の友人の有無を問う質問では，友人がいると答えた学生は一般大学群で48.1%（770人）であった。一方，国際化推進大学群では，94.4%（369人）も

の学生が留学生の友人をもっていた。

　友人がいることによって海外に興味をもつことがある。筆者らの周りでも，留学生の友人の影響で第二外国語の勉強を始めたという学生は多かったが，留学生や外国人と関わりのない学生に対し，いきなり海外に目を向けなさいといってもなかなか難しい。大学内で留学生と交流できる機会や海外を身近に感じられる環境があれば，自分も海外に出てみようと考える学生も増えていくのではないか。留学生の友人数と海外留学・留学生・国際的な仕事への関心の関係については，第2部第8章第1節を参照されたい。

5　韓国調査との比較

　今回の調査では日本人学生が内向き志向とはいえないとの結果であったが，韓国調査では日本人学生以上に国際志向が強いという結果が出た。日本の一般大学群と比較してみると，留学への関心では留学積極群（「非常に行きたい」と「少し行きたい」の合計）が日本では61.2％（981人）であるのに対して韓国では91.7％（397人），留学消極群は日本で25.9％（414人），韓国では3％（13人）であった。次に，国際的な仕事への関心を見ると，日本の積極群が55％（882人）に対して韓国は87.1％（377人），消極群（「全く行きたくない」と「あまり行きたくない」の合計）では日本が27.4％（439人）で韓国が6％（26人）とここでも大きな差があった。つまり，約9割の韓国人学生が留学や国際的な仕事に積極的で，消極的な学生は1割にも満たない。日本人学生以上に韓国人学生の国際志向が強いという結果が浮き彫りとなった。ちなみに，日本の国際化推進大学群の留学や国際的な仕事への関心でも，積極的であるのは約8割であり，韓国はこれさえも上回る。

6　まとめ

　一般大学群を見ても，日本人学生の半数程度は海外留学や国際的な仕事に積極的という結果がでた。海外経験者も約6割に上った。その内訳は，旅行が7割を超えるが，留学・研修の経験者も4割弱と少なくない。留学への関心で

「全く行きたくない」「あまり行きたくない」と消極的な回答をした学生は合わせて25.9%で4人に1人しかおらず，本調査では大学生が内向き志向だとはいえないとの結果になった。しかし，前述した通り，留学したくても就職活動や財政面の問題で踏み切れない学生が多いということは明らかであり，これらを改善するために大学が主導して学内に国際的な環境を整え，企業等とも連携して国際人材育成のための支援を行っていく必要があろう。

なお，韓国調査では，大学生の国際志向は日本を上回って強いといえる。比較していえば，日本人学生の国際志向はまだ弱いといえるのかもしれない。

第2節　女性は男性より国際的か

国際志向性の強さに男女差はあるのか。大学の国際系学部や外国語学部は女性が多く，留学希望者にも女性が多いといわれている。実際に明治大学の例を見ると，2011年度在学生30,028人のうち女性は約30%の9,151人であるのに対し，国際的な学生の育成を目指す国際日本学部では，在学部生1,433人のうち64%の923人が女性である。また，全国的にも，2011年度の日本人学生の留学者数の男女比はおよそ1：2であった（文部科学省，2011）。これらのデータからすると，男性よりも女性の方が国際志向が強いようにみえるが，留学生の受入れ観などでも，男女差はみられるのだろうか。

本節では，一般大学群と国際化推進大学群を合わせた全有効回答を用いて，男性914人（45.8%）と女性1,082人（54.2%）の回答の違いを分析した。なお，回答者の内訳をみると，文系に女性が多いが，文理での有意差はみられなかった。以下，他の質問項目とのクロス集計の結果を考察する。

1　性別と留学生友人数 （図表7-6）

留学生に関する項目からみていくと，日本人学生がもつ外国人留学生の友人数では，「いない」に男性が多く，「2〜5人」に女性が多かったが，「10人以上」ではあまり性差が見られなかった。10人以上の友人をもつような，積極的

に友人を作っていると思われる者には男女で違いはみられない。

友人がいると答えた者のみを対象とした友人との親しさの程度でも性差は見られなかった。女性の方が留学生の友人を作る意欲はあり，男性は興味のない人が多いけれども，一度友人ができてしまえば付き合い方は変わらないといえそうである。

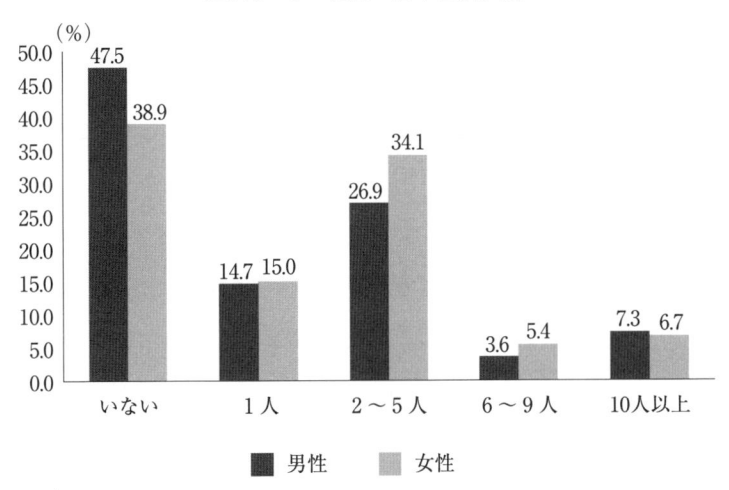

図表7-6　性別×留学生友人数

	男性	女性
いない	47.5	38.9
1人	14.7	15.0
2～5人	26.9	34.1
6～9人	3.6	5.4
10人以上	7.3	6.7

(%)

2　性別と留学生受入れ希望（図表7-7）

留学生の受入れに関しては，「大いに受入れたい」では性差はみられなかったが，「かなり受入れたい」では男性32.2％（284人）に対して女性47％（495人）であり，逆に「どちらともいえない」という回答では男性が女性を上回った。

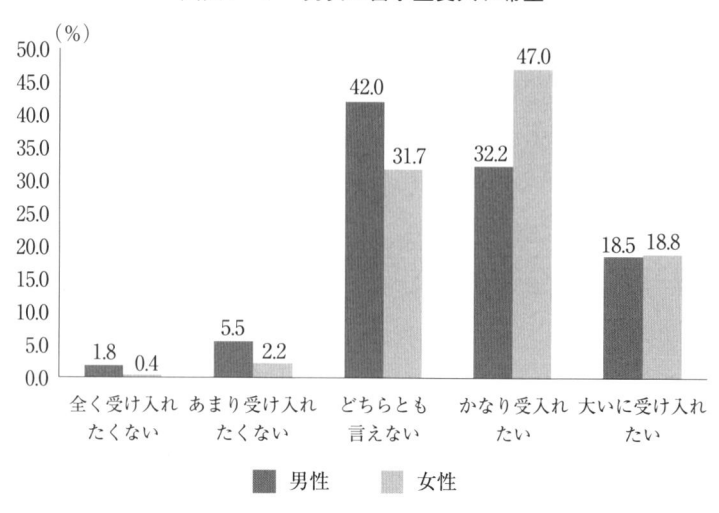

図表7-7　男女×留学生受入れ希望

	全く受け入れたくない	あまり受け入れたくない	どちらとも言えない	かなり受け入れたい	大いに受け入れたい
男性	1.8	5.5	42.0	32.2	18.5
女性	0.4	2.2	31.7	47.0	18.8

3　性別と海外経験の有無，留学への関心（図表7-8）

　海外経験のある女性は67.8％（734人），男性は56.6％（516人）と，女性の方が旅行や留学・研修の経験が豊富であるという結果がでた。男性の場合，半数弱が海外未経験である。

　海外経験を目的別にみると，「旅行」「留学・研修」ともに女性の方が経験者が多かった。旅行に関して，社団法人日本旅行業協会が2008年に行った調査でも，「一度も海外旅行に行ったことがない」のは，男性が約4割であるのに比べ，女性は3割強であった。本調査の結果は経験者が多いが，大学生が対象者であることと，調査時期の違いが影響していると思われる。ただし，男性よりも女性の方が旅行経験者が多いというのは本調査の結果と一致する。

　また，海外留学への関心も同様に女性の方が高い。留学に「少し」または「非常に」行きたいと答えたのは，女性70.9％（767人）であるのに対し，男性は58.2％（529人）である。「留学・研修」に関しては，昨今の大学生の就職活動事情が関係しているのだろうか。留学への就職活動の影響は前節で述べた通りだが，女性の社会進出が進んでいるとはいっても依然として男性が働くとい

う意識の強い日本では，就職活動を理由に日本に留まる男子学生が多いといえるのかもしれない。

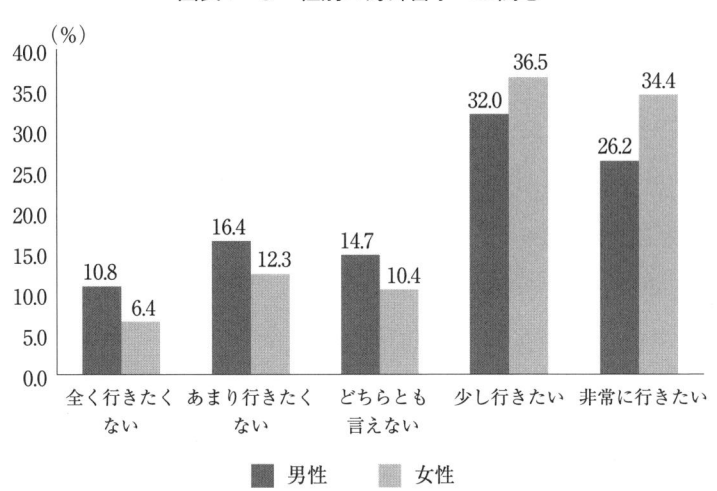

図表7-8　性別×海外留学への関心

	全く行きたくない	あまり行きたくない	どちらとも言えない	少し行きたい	非常に行きたい
男性	10.8	16.4	14.7	32.0	26.2
女性	6.4	12.3	10.4	36.5	34.4

4　性別と国際的な仕事への関心（図表7-9）

国際的な仕事への関心については，両極の「全く関心がない」と「非常に関心がある」という選択肢において男女で有意差がみられた。日本の現状では，一般的に海外への赴任や，外国と関わりのある仕事をする可能性は男性の方が高いと思われるが，「全く関心がない」者は男性が女性の2倍である。企業はグローバル社会に対応できる人材を欲しており，女性の方が国際的仕事に関心が高いということは，もっとこの分野で女性を登用する方がよいのかもしれない。もちろん男性にも国際志向性をもってもらいたいので，留学生との交流を活性化したり，積極的に海外旅行や留学の経験を積ませたりすることを通して，国際志向性の高い人材を育てなければならない。

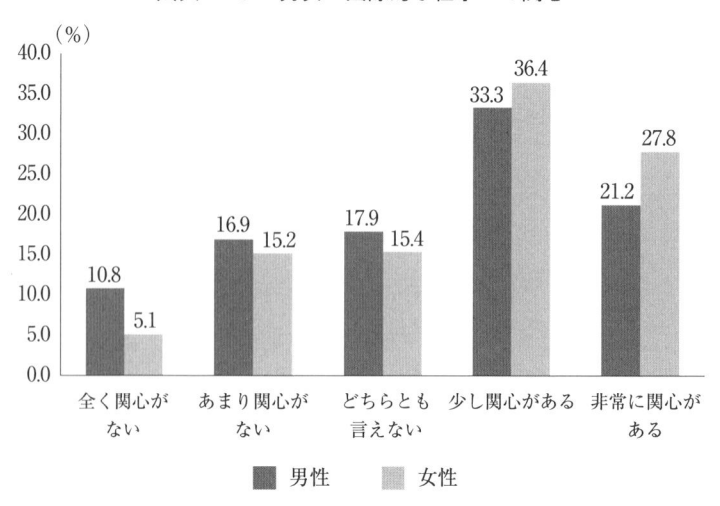

図表7-9　男女×国際的な仕事への関心

	全く関心がない	あまり関心がない	どちらとも言えない	少し関心がある	非常に関心がある
男性	10.8	16.9	17.9	33.3	21.2
女性	5.1	15.2	15.4	36.4	27.8

5　韓国調査との比較

　日本調査においては，国際志向は女性の方が強いという結果であった。全体の傾向としては韓国も日本と同じく，女性の国際志向が目立った。しかし，留学生の友人数では，友人6人以上の友人多数者は，日本人男子学生では10.9％（99人），女子学生12.1％（130人）で女子学生の方が多少割合が高かったが，韓国では，男子学生11.9％（16人），女子学生6.2％（18人）と日本とは逆の結果であった。その他の留学や国際的な仕事への関心，留学生受入れを強く希望する点などは，女性が男性よりも積極的で，日本と韓国で同様の結果がみられた。

6　ま　と　め

　以上の調査結果をみると，全体的に男性よりも女性の方が国際志向が強いといえよう。しかし，留学生を大いに受入れたいと思っている学生群では性差が見られなかったことから，国際志向の強い層ではあまり性差はないが，低い層において男性が目立った。国際志向性を底上げしていくためのプログラムにおいては，男性にも興味をもってもらえそうなアプローチを展開する必要がある

のかもしれない。

第3節　大学は学生を国際化させているか（学年進行と国際性）

　留学生の受入れや海外留学制度に力を入れ，国際的な人材の育成を謳う大学が増えているが，それらの試みは本当に学生を国際化させているのだろうか。大学での4年間で，学生の国際志向性はどのように変化しているのかを考察するため，全分析対象者を学年ごとに分けて分析した。ただし，1年生35.1%（693名），2年生34.2%（676名），3年生22.8%（451名）のサンプル数は比較的近いが，4年生は7.9%（156名）と少ない。

1　学年と海外留学への関心（図表7-10）

　注目すべきことは，海外留学に関して，①「全く行きたくない」から⑤「非常に行きたい」までの選択肢の平均値が学年を追うごとに低くなっていることである。

　確かに，第1節で述べたように，3年生後期からは就職活動が始まるので，この時期と重なった留学はハードルが高い。世界的に見れば，専門課程に入って勉強のフォーカスが定まってくる3年生での留学は一般的なので，その点では就職活動との重なりはたいへん残念である。もちろん，1年卒業を遅らせればこの問題は回避できるが，そのためには授業料等の負担が大きくなる。4年生での留学は，卒業単位の問題は3年生までにしっかり履修しておけばクリアできるが，アカデミックカレンダーの違い（4月入学と9月入学），就職活動や大学院進学の準備等の問題で，現実にはかなり困難である。すなわち，日本の現状では2年生で留学することが一番問題は少ないのであるが，そのためには1年生の夏には早くも留学を強く意識して準備を始めなければならない。入学直後からその年の夏までの短い期間に留学の意思決定を促す有効なプログラムの開発が必要であろう。さらにいえば，ハードルの低い留学プログラムを用意して，すでに入学の時点で留学を考えることができるように，留学プログラム

図表7-10　学年×海外留学への関心

学年	平均値
1年生	3.76
2年生	3.65
3年生	3.52
4年生	3.48

尺度：①全く行きたくない　②あまり行きたくない　③どちらとも言えない　④少し行きたい　⑤非常に行きたい

を高校生（受験生）に広報していくことも必要であろう。

2　学年と国際的な仕事への関心（図表7-11）

　国際的な仕事への関心は，1年生が最も高く，2年生，4年生，3年生と続いた。就職を間近に控えた3，4年生の関心が低いということは注目すべき点である。入学したての1年生や2年生といった低学年が国際的仕事に高い関心を示しているが，これは国際的仕事に対する具体的なイメージを伴っていない可能性がある。つまり，国際的仕事に対して，単なる淡い憧れを抱いているだけかもしれない。そして，卒業までにそのイメージを具体化することがないまま，就職活動の時期を迎えてしまい，突如として現実の壁にぶつかるため，ディフェンシブになって高学年の国際的仕事への関心が低くなってしまうのである。

　このような事情があるにせよ，国際的に活躍できる人材の育成という観点からすれば，大学入学時に比べて4年卒業時の国際的な仕事への関心が低くなっていることは問題であり，やはりカリキュラムから考えてみなければならないだろう。入学当初に抱いている国際的な物事に対する初々しい意欲を，きちんと具体的な活動や成果に結びつける教育が必要である。外国人留学生という日

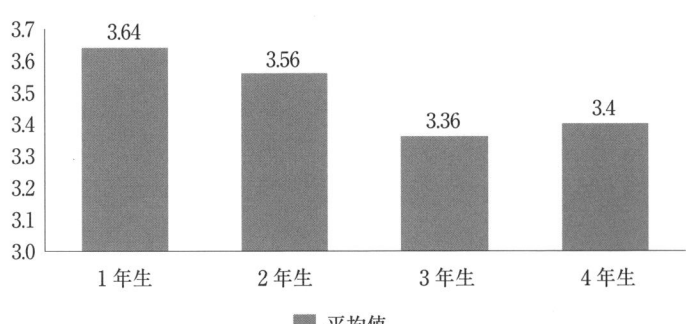

図表7-11　学年×国際的仕事への関心

学年	平均値
1年生	3.64
2年生	3.56
3年生	3.36
4年生	3.4

尺度：①全く関心がない　②あまり関心がない　③どちらとも言えない
　　　④少し関心がある　⑤非常に関心がある

常的に交流できるリソースを活かしたり，産学連携で国際性を喚起したり，超短期の海外留学といった参加しやすいプログラムを用意するなどの工夫が必要ではないだろうか。1年生〜2年生のいわば「ふわふわ国際志向性」と3年以降の「リアル国際志向性」を良い形でつないでいくプログラムが必要である。

3　学年と留学生友人数（図表7-12）

　留学生の友人数では，①「いない」②「1人」③「2〜5人」④「6〜9人」⑤「10人以上」の平均値を算出した結果，1年生と3年生が高く，4年生が最も低かった。

　入学当初の1年生は日本人学生，留学生問わず多くの友人を作るが，その後も友人関係が続き，深い関係になっていくのは日本人同士，留学生同士の方が多いと考えられる。また，4年間在籍する正規の留学生であれば交流の機会も多いが，短期の留学が主流になってきた現代では，半年や1年で帰国する留学生も増えつつある。ゼミ活動等によって3年生で友人が増えるが，授業の少なくなる4年生ではまた元に戻ってしまうのかもしれない。せっかく大学で留学生の友人ができても，すぐ疎遠になってしまってはもったいない。日本人学生と留学生が長く深くつながるためには，授業外での交流活動はもちろんだが，

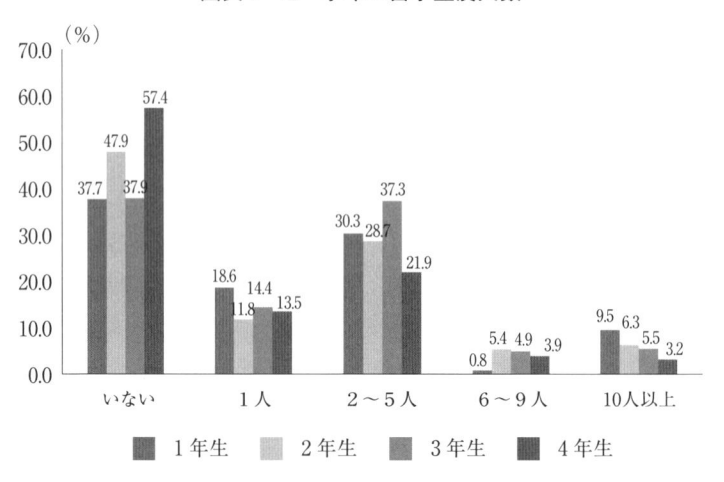

図表7-12 学年×留学生友人数

外国人に慣れていない日本人学生や，日本人の友人が上手く作れない留学生にとっては，授業内で自然に知り合い，共に学ぶという経験が有効である。留学生と日本人学生の共同授業については，留学生に対する日本語教育や日本事情教育でその効果が検証されているが（徳井，1997），異文化間教育の授業などが設定されていること自体が現在の大学では少なく，それが留学生との共同授業などとして実践的に組み込まれている大学はあまりない。大変残念なことである。

4　留学生の受入れ観（図表7-13）

留学生の受入れに関しても1年生が最も高い関心を示していた。高学年が就職活動との兼ね合いから留学に消極的となるのは頷けるが，留学生の受入れにおいても消極的となっている。自由記述をみると，就職活動において優秀な留学生が日本人のライバルとなるので，留学生の受入れに反対だという意見もあった。このような意識が留学生の受入れで3年生が最も消極的な原因のひとつかもしれない。

第 7 章　日本人学生の国際志向性

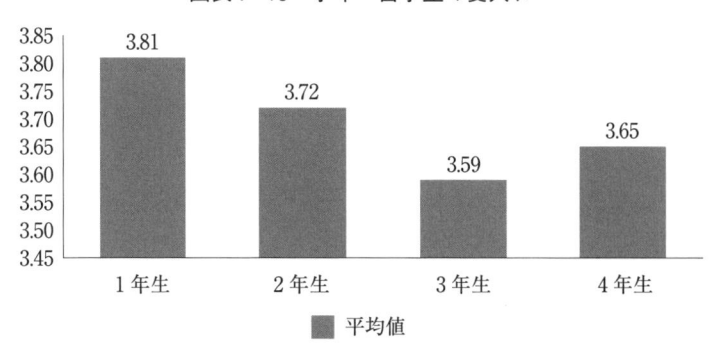

図表 7-13　学年×留学生の受入れ

■ 平均値

1 年生　3.81
2 年生　3.72
3 年生　3.59
4 年生　3.65

尺度：①全く受入れたくない　②あまり受入れたくない　③どちらとも言えない
　　　④かなり受入れたい　⑤大いに受け入れたい

5　韓国調査との比較

　本調査では学年が上がるごとに学生の国際志向性の低下が見られたが，韓国調査では見られなかった。学年と留学希望の関係で留学積極群（「少し」と「非常に」行きたい）の割合の推移を見ると，日本人学生は 1 年生68.2％（471人），2 年生64.4％（435人），3 年生62.7％（282人）と学年が進行するに従い留学への関心がわずかではあるが低下していた。一方で，韓国人学生は，そもそもその割合が高いだけでなく，1 年生92％（115人），2 年生91％（90人），3 年生93.1％（108人），4 年生90.1％（82人）と学年が進行しても留学への関心を維持し続けていた。国際的な仕事への積極群をみると，日本人学生が 1 年生62.2％（431人），2 年生60.3％（407人），3 年生55.7％（251人），4 年生56.4％（88人）と関心が低下するのに対して，韓国人学生は 1 年生91.2％（114人），2 年生85.9％（85人），3 年生81.9％（95人），4 年生90.2％（82人）と 2，3 年生で国際的な仕事への関心が低下しているものの，4 年生で 9 割という高い関心を示していた。留学生の受入れについても，積極群の割合は，日本人学生は学年とともに 6 割から 5 割台へ低下してしまうが，韓国人学生は 7 割台を維持していた。ただ，「大いに受入れたい」を選択した日本人学生（3 年生を

除く）が約2割だったのに対して，韓国人学生は1年生と2年生で約3％，3年生と4年生で約1割にとどまった。

6 まとめ

多くの項目で1，2年生が高い国際志向性を示し，3，4年生ではそれが下がっていた。このような結果から，大学は学生を国際化させているだろうかという問題が指摘される。入学当初の「ふわふわ国際志向性」から3年生以降の「リアル国際志向性」に良い形でつないでいくプログラムが必要である。

自由記述には，交流の場を増やしてほしいという声がとても多く，その他には「授業での交流」や「日本語があまり得意でない留学生への配慮」，「留学生について知る機会」が必要だとの声があった。国際化を目指している大学は，留学生と日本人学生の交流や学生の国際化をさらに推進するために，創意工夫を続けていかねばならない。

第4節　海外経験は国際志向性を醸成するか

松田庸子（2012）は，短期の海外研修に参加することによって外国に興味をもち，後に長期留学を実現させることが少なくないと述べている。しかし，たとえば海外旅行だけでも国際志向は強まるのだろうか。本節では，海外旅行を含む海外経験の有無が国際志向性を醸成するのかについて検証した。

分析対象者を「渡航経験なし」43.9％（746人），2週間未満の「旅行のみ」29.3％（497人），留学・帰国子女・その他の海外経験を含む「長期滞在」22.2％（377人）の3群に分けて分析を行った。なお，2週間以上の長期旅行経験者4.6％（79人），旅行と留学・帰国子女・その他の両方を経験している者のサンプルは除外した。

1　留学生への関心（図表7-14）

留学生への関心では，「旅行のみ」が「経験なし」と「長期滞在」のほぼ中

間の値を示している。留学や研修には行っていなくても，短期の旅行を経験している者は，全く海外経験の無い者よりも留学生への関心が高いことがわかる。海外に旅行をすることで外国や外国人への興味をもつようになっているのかもしれない。

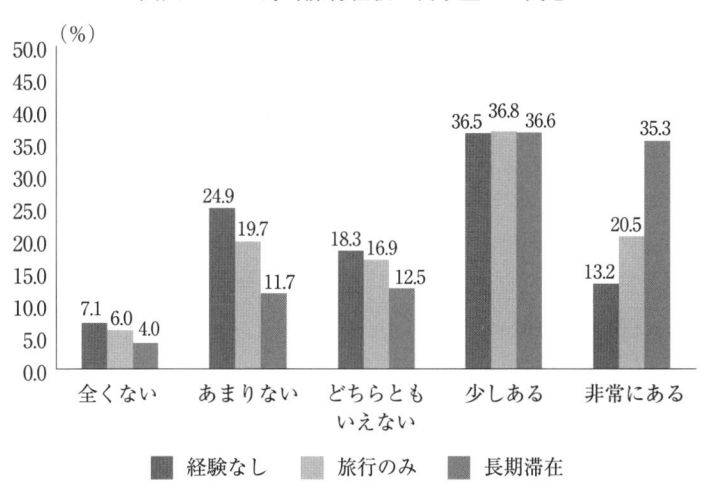

図表7-14　海外旅行経験×留学生への関心

	全くない	あまりない	どちらともいえない	少しある	非常にある
経験なし	7.1	24.9	18.3	36.5	13.2
旅行のみ	6.0	19.7	16.9	36.8	20.5
長期滞在	4.0	11.7	12.5	36.6	35.3

2　海外留学への関心（図表7-15）

留学生への関心の結果と同じく，海外留学への関心においても「旅行のみ」が中間に位置しており，短期旅行をすることによっても留学への意欲が増していることが伺える。留学や研修ではなくて，旅行だけでも，実際に海外を自分の目で見ることによって海外への関心が高まり，留学を促進することにつながるのではないだろうか。

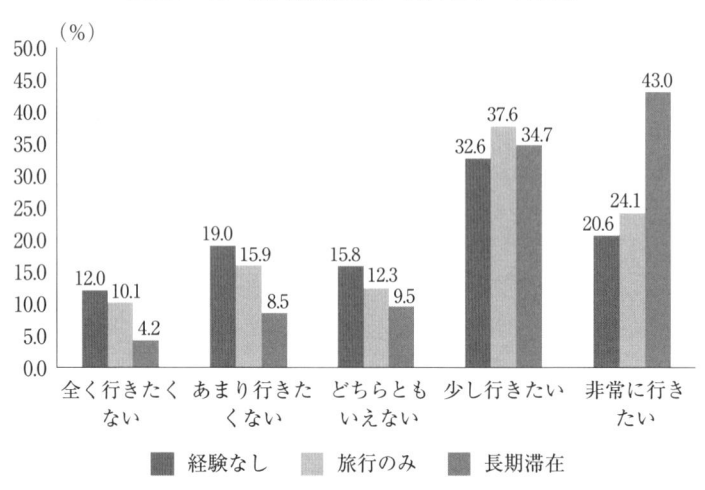

第2部 「日本人学生の国際志向性と外国人留学生受入れ観」調査

図表7-15 海外旅行経験×海外留学への関心

	経験なし	旅行のみ	長期滞在
全く行きたくない	12.0	10.1	4.2
あまり行きたくない	19.0	15.9	8.5
どちらともいえない	15.8	12.3	9.5
少し行きたい	32.6	37.6	34.7
非常に行きたい	20.6	24.1	43.0

3 国際的な仕事への関心（図表7-16）

国際的な仕事への関心でも同様に、「旅行のみ」が中間という結果になった。しかし「非常に関心がある」では、「長期滞在」の半分程度に留まっている。

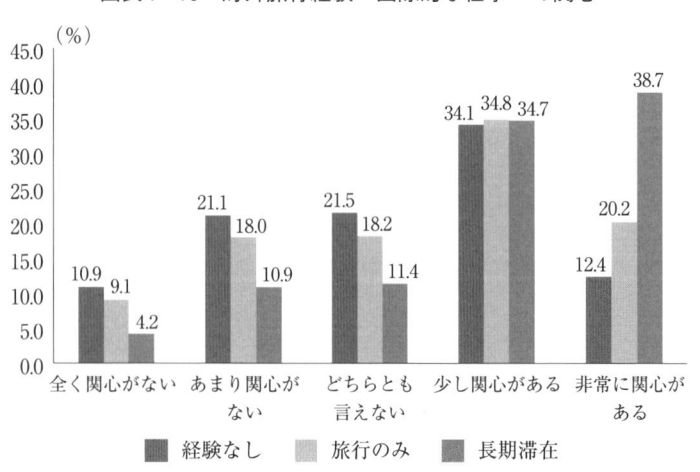

図表7-16 海外旅行経験×国際的な仕事への関心

	経験なし	旅行のみ	長期滞在
全く関心がない	10.9	9.1	4.2
あまり関心がない	21.1	18.0	10.9
どちらとも言えない	21.5	18.2	11.4
少し関心がある	34.1	34.8	34.7
非常に関心がある	12.4	20.2	38.7

旅行経験は国際的な仕事への関心の醸成に効果がありそうだが，やはり長期に滞在することで語学力や生活についての理解が高まり，自信も生まれて強い関心につながっているのであろう。

3 まとめ

以上の結果より，留学まで行かなくとも，短期の旅行を経験することで留学生への関心をもったり，留学を希望したり，国際的な仕事へ興味をもつようになる者がいるということがわかった。やはり，できるだけ早い時期に，短くてもよいので海外経験をさせることが有効ではないかと思われる。その意味で，本調査結果は日本学生支援機構の「留学生交流支援制度（短期派遣）」の有効性を裏づけるものとなった。国や大学は，日本人学生の国際志向性を計画的に醸成するため，系統的な支援プログラムとカリキュラムを整備する必要があるだろう。

注

1）http://www.mext.go.jp/b_menu/houdou/25/02/_icsFiles/afieldfile/2013/02/08/1330698_01.pdf
2）ベネッセ教育研究開発センター（2012）「大学データブック2012」
　① 複数回答
　② 対象は，10年以内の留学経験者2,150人，10年以内に関心をもち情報収集をしたが留学しなかった留学未経験者206人。
　③ 「留学生・海外体験者の国外における能力開発を中心とした労働・経済政策に関する調査研究」（2009年，経済産業省受託研究）
　　グラフの出典となる調査は，経済産業省の委託調査である。対象は調査実施時点（2009年）から過去10年以内の留学経験者で大学在籍時の留学（6割）だけでなく，高卒後すぐの留学，社会人の留学など（4割）も含まれている。したがって，この調査結果は大学からの留学にとどまらず，個人側からみた海外留学の諸課題に関する一般的な状況を示している。利用制約があり詳細集計はできないが，個人からみた留学の障壁や促進の課題を示す希少なマクロデータであり，考察の手掛かりとして掲載した。

第2部 「日本人学生の国際志向性と外国人留学生受入れ観」調査

＜参考文献＞

グローバル人材育成委員会（2010）「報告書～産学官でグローバル人材の育成を～」経済産業省
http://www.meti.go.jp/policy/economy/jinzai/san_gaku_ps/global_jinzai.htm（2013年5月10日検索）

小林明（2011）「日本人学生の海外留学阻害要因と今後の対策」『留学交流』独立行政法人日本学生支援機構

社団法人日本旅行業協会「海外旅行に関する調査」調査報告書

德井厚子（1997）「異文化理解教育としての日本事情の可能性—多文化クラスにおけるディベカッションの試み」『日本語教育』92号

野村総合研究所「若者の生活意識に関するアンケート調査」
http://www.nri.co.jp/souhatsu/research/2008/pdf/rd200809_01.pdf（2013年3月4日検索）

ベネッセ教育研究開発センター「大学データブック2012」
http://benesse.jp/berd/center/open/report/dai_databook/2012/index.html（2013年5月10日検索）

松田庸子（2012）「短期海外研修の成果と長期海外研修への展望」『留学交流』独立行政法人日本学生支援機構

文部科学省（2011）グローバル人材育成推進会議中間まとめの概要
http://www.mext.go.jp/b_menu/shingi/chousa/koutou/46/siryo/_icsFiles/afieldfile/2011/08/09/1309212_07_1.pdf（2013年5月10日検索）

第8章 日本人学生は外国人留学生の受入れをどう捉えているか

第1節 外国人留学生への関心と受入れ観

　第2部第7章第1節「内向き志向は本当か」でみたように，日本人学生は内向き志向といわれながらも，一般大学群に所属する日本人学生の過半数が留学や国際的な仕事に高い関心を示していた。さらに国際化推進大学群では，約8割の学生が留学や国際的な仕事に高い関心をもっていた。日本人学生の中には国際志向の強くない者がいることは当然のことであり，全員が国際志向である必要もない。しかし，彼らは内向き志向と世間でいわれるほど内向きではなく，自らの留学や国際的な仕事に積極的な関心を寄せている者が過半数だと本調査は示している。

　本章では，そのような日本人学生が外国人留学生の受入れについて，どのように捉えているのかを一般大学群のデータを中心に探り，適宜，国際化推進大学群のデータも記載する。

1　日本の留学生受入れ数の予想（図表8-1）

　質問7「あなたは，現在（2010年）の日本の外国人留学生受入れ数はどの程度だと思いますか」を①「1万人未満」から⑧「30万人以上」で選択する質問項目の結果から，日本人学生が日本社会における留学生数をどのように感じているかをみる。回答の最頻値は④5〜10万人で，ほぼ正規分布しているが，正答である⑤「10〜15万人」（正答率は17.1％，271人）よりも多いと回答した

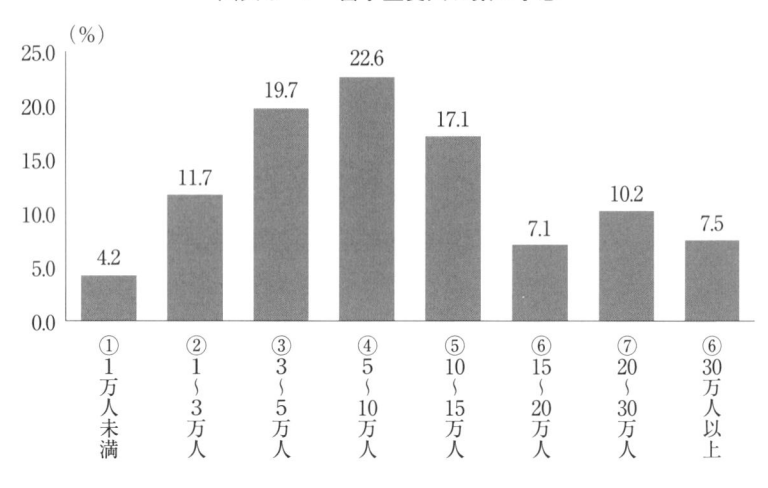

第2部 「日本人学生の国際志向性と外国人留学生受入れ観」調査

図表8-1 留学生受入れ数の予想

選択肢	割合(%)
①1万人未満	4.2
②1〜3万人	11.7
③3〜5万人	19.7
④5〜10万人	22.6
⑤10〜15万人	17.1
⑥15〜20万人	7.1
⑦20〜30万人	10.2
⑥30万人以上	7.5

のは約25％で，全体の過半数（58.2％）は実際よりも少なく見積もっていた。

2 留学生への関心 （図表8-2）

質問9「あなたは，どの程度留学生に関心がありますか」の結果から日本人大学生の留学生への関心の高さをみると，一般大学群で，「少し関心がある」「非常に関心がある」のどちららかを選択した留学生関心有群は56.7％（908人）であった。逆に，「全く関心がない」「あまり関心がない」を選択した留学

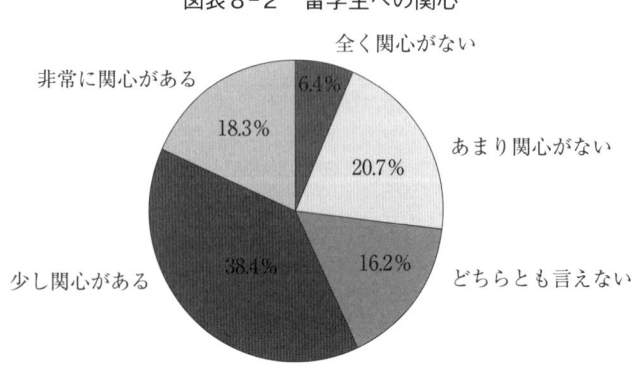

図表8-2 留学生への関心

項目	割合
全く関心がない	6.4%
あまり関心がない	20.7%
どちらとも言えない	16.2%
少し関心がある	38.4%
非常に関心がある	18.3%

生関心無群は27.1%（434人）である。「どちらとも言えない」が16.2%いるとはいえ，過半数は留学生に関心をもっており，関心が無いという学生は4人に1人程度しかいない。参考として，国際化推進大学群をみると，留学生関心有群は76%（297人），関心無群は9.9%（39人）で，圧倒的に関心がある者が多い。

3　留学生の受入れ（図表8-3）

　質問15「あなたは日本社会に，どの程度留学生を受入れるのがよいと思いますか」の結果を見ると，一般大学群では，「かなり受入れたい」「大いに受入れたい」を合わせた受入れ積極群は55.3%（866人）と過半数に達している。逆に，「全く受入れたくない」「あまり受入れたくない」を合わせた受入れ消極群は5.5%（86人）と非常に少ない。「どちらとも言えない」が約4割いるが，全体に日本人学生に留学生受入れへの拒否感はほとんどなく，積極的に受け入れて欲しいという学生が過半数である。

　さらに，国際化推進大学群をみると，受入れ積極群は73.9%（275人），受入れ消極群は1.6%（6人）であり，「全く関心がない」は一人もいなかった。全体に留学生の受入れについてはかなり肯定的であり，否定的な者が極めて少ないことが特徴としてあげられる。

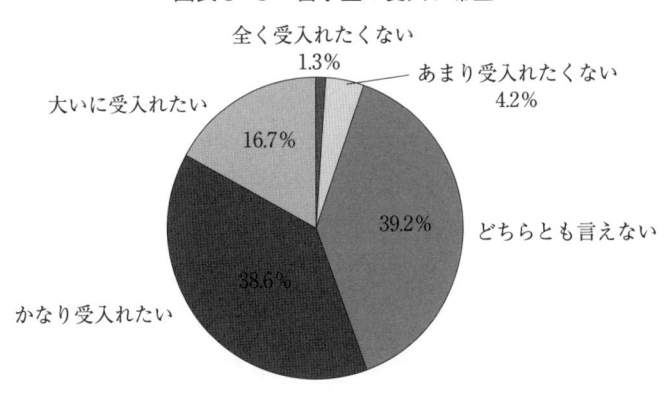

図表8-3　留学生の受入れ希望

- 全く受入れたくない　1.3%
- あまり受入れたくない　4.2%
- どちらとも言えない　39.2%
- かなり受入れたい　38.6%
- 大いに受入れたい　16.7%

4　韓国調査との比較

　韓国の学生は，自分自身の留学や国際的な仕事に日本人学生以上の高い関心を示していた。留学生の受入れについても，韓国人学生は日本人学生を上回って肯定的であった。すなわち，留学生を「かなり受入れたい」「大いに受け入れたい」を合わせた受入れ積極群は日本が55.3%であるのに対し，韓国は72.7%である。ただし，「大いに受け入れたい」だけをみると，日本の16.7%に対して，韓国は7.1%と半数以下であった。全体の傾向では韓国人学生の留学生受入れへの積極性が目立つが，日本人学生には非常に強く留学生の受入れを希望する者がいる。

5　まとめ

　本節の結果をみると，過半数の日本人学生が留学生に高い関心を寄せており，受入れに積極的で，受入れに消極的な学生は1割にも満たない。さらに，国際化推進大学群の学生は一般大学群の学生以上に留学生の受入れに積極的であった。これまで，留学生受入れに関する調査は，大学機関や留学生本人を対象にしたものが多く，実際に留学生と共に過ごす日本人学生はほとんど対象にされてこなかった。本調査によって，留学生の受入れは政府や大学だけが求めているのではなく，日本人学生も強く求めていることがわかった。

第2節　留学生との友人関係は国際志向性を高めるか

　日本人学生の友人関係を見てみると，海外からの留学生を友人にもっている学生と日本人のみで友人関係を築いている学生がいる。留学生の友人をもつ学生たちは，留学生との交友を通じて日本の外に目を向けたり，自身の海外留学や国際的仕事への関心を高めたりしているのだろうか。この節では，留学生との友人関係と国際志向性の関係について考察する。
　分析対象者全体では，留学生の友人の有無は，友人「あり」が57.3%

(1,145人),「なし」が42.7%（852人），一般大学群では「あり」が48.1%（770人），「なし」が51.9%（836人）であった。本節は友人の有無による違いについて調べているため，分析対象者には国際化推進大学群も含む全体のサンプルを用いた。

友人数別にみると「なし」が61.7%（849人），「1人」が21.5%（296人），「多数（6人以上）」が16.7%（230人）であった。以下の分析では，上記の3つの友人数群に分類して，友人数と国際志向性の関係を分析した。

1 留学生の友人数と渡航経験（図表8-4）

分析対象者全体で，海外渡航経験のある者は62.7%（1,251人）で，ない者は37.3%（743人）であった。

渡航経験を留学生の友人数別にみると，友人「なし」が54.9%（466人），「1人」が55.1%（163人），「多数」が83%（191人）で，留学生の友人がいない者と1人いる者には違いが見られなかったが，友人が多数いる者は圧倒的に渡航経験があることがわかる。

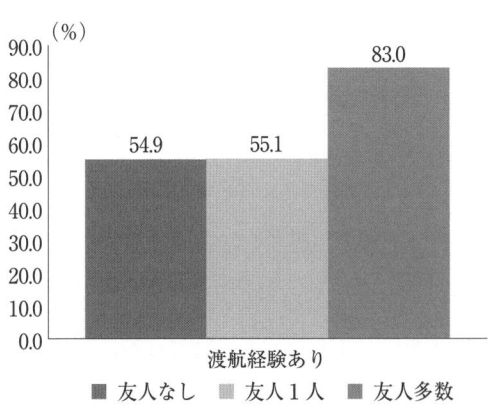

図表8-4 友人数×渡航経験

2　留学生の友人数と渡航期間（図表8-5）

　渡航期間をみると，2週間未満という者が友人の数にかかわらず最も多い。しかし，何らかの渡航経験がある者の内，留学生の友人がいない者は最も短い2週間未満の渡航経験が63.1%（292人）と圧倒的に多いのに対して，友人「1人」では58.9%（96人），「多数」になると34.4%（65人）である。逆に，2週間以上1年未満の渡航経験で比較してみると，友人「なし」が30%（139人），「1人」が36.8%（60人），「多数」になるとさらに多い50.8%（96人）であった。すなわち，留学生の友人数と渡航期間の長さには有意な相関があり，友人が多い者の方が渡航期間も長くなっているが，特に友人を多数もつ者には長期の渡航経験がある者が多いといえる。

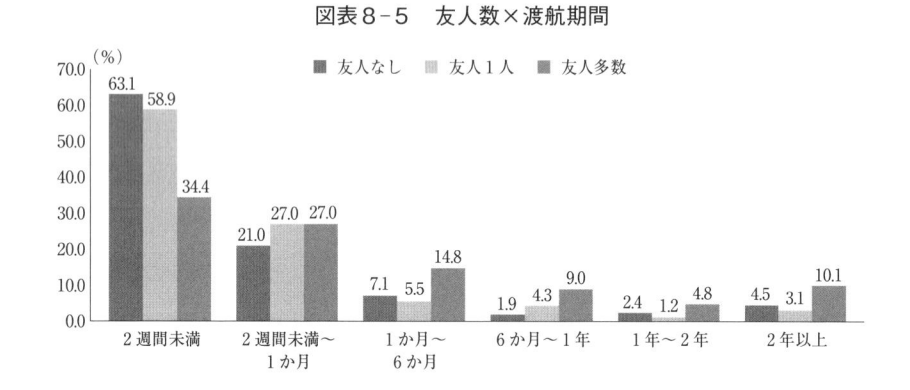

図表8-5　友人数×渡航期間

	友人なし	友人1人	友人多数
2週間未満	63.1	58.9	34.4
2週間未満～1か月	21.0	27.0	27.0
1か月～6か月	7.1	5.5	14.8
6か月～1年	1.9	4.3	9.0
1年～2年	2.4	1.2	4.8
2年以上	4.5	3.1	10.1

3　友人数と海外留学への関心（図表8-6）

　自分自身の海外留学への関心と留学生の友人数にも有意な相関が見られた。海外留学に「少し行きたい」または「非常に行きたい」を選択した留学積極群をみると，友人「なし」が55.5%（471人），「1人」が65.8%（194人），「多数」が87.4%（201人）であった。留学生の友人をもつ学生ほど自分自身の留学に積極的であることがわかる。特に，「非常に行きたい」と答えている群には，

第8章　日本人学生は外国人留学生の受入れをどう捉えているか

友人が多数いるという者が圧倒的に多いことも特徴的である。

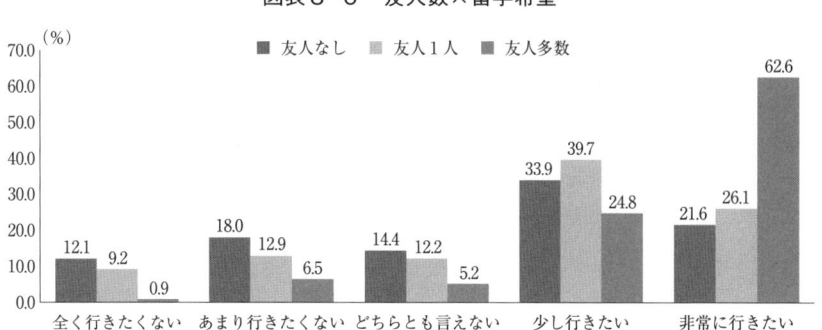

図表8-6　友人数×留学希望

	全く行きたくない	あまり行きたくない	どちらとも言えない	少し行きたい	非常に行きたい
友人なし	12.1	18.0	14.4	33.9	21.6
友人1人	9.2	12.9	12.2	39.7	26.1
友人多数	0.9	6.5	5.2	24.8	62.6

4　留学生の友人数と外国人留学生への関心（図表8-7）

外国人留学生への関心で，「少し関心がある」または「非常に関心がある」を選択した留学生への関心有群をみると，友人「なし」が46.4％（394人），「1人」63％（186人），「多数」86.6％（199人）であった。留学生に関心があるから留学生の友人も多いということは当然と思われるが，あらためて留学生の友人数と留学生への関心には有意な相関があることがわかった。

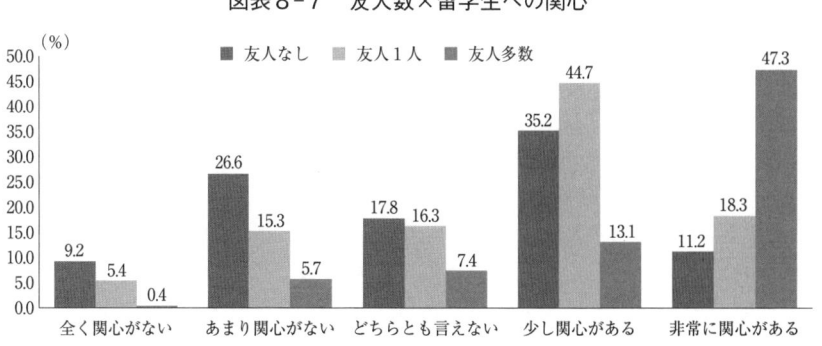

図表8-7　友人数×留学生への関心

	全く関心がない	あまり関心がない	どちらとも言えない	少し関心がある	非常に関心がある
友人なし	9.2	26.6	17.8	35.2	11.2
友人1人	5.4	15.3	16.3	44.7	18.3
友人多数	0.4	5.7	7.4	13.1	47.3

5　留学生の友人数と国際的な仕事への関心（図表8-8）

　国際的な仕事で「少し関心がある」または「非常に関心がある」を選択した国際的仕事積極群をみると，友人「なし」が47.4％（402人），「1人」が56％（166人），「多数」が87.4％（201人）であった。留学生の友人を多くもつ者ほど，国際的な仕事に高い関心を示したが，特に友人が多数いる者は9割近くが関心があると答えており，他と比べて圧倒的である。上記の結果から，キャンパスにおける学生の国際交流を促進させることは，グローバル人材の育成においても効果的であり，大学が本気で取り組む価値のあるものと思われる。

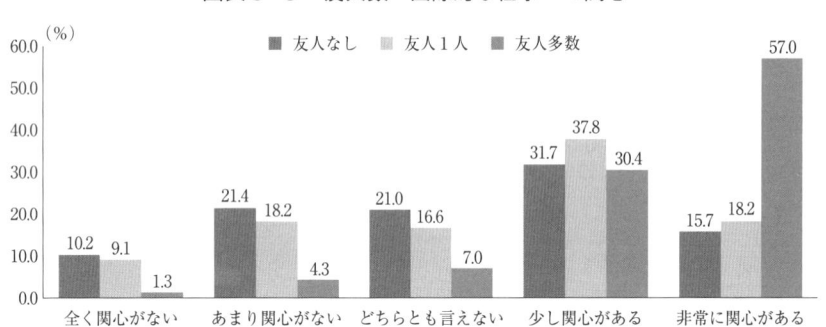

図表8-8　友人数×国際的な仕事への関心

	全く関心がない	あまり関心がない	どちらとも言えない	少し関心がある	非常に関心がある
友人なし	10.2	21.4	21.0	31.7	15.7
友人1人	9.1	18.2	16.6	37.8	18.2
友人多数	1.3	4.3	7.0	30.4	57.0

6　留学生の友人数と留学生の受入れ希望（図表8-9）

　日本社会に外国人留学生をどの程度受入れるのがよいかとの項目では，本章の最初に述べたように，「全く受入れたくない」または「あまり受入れたくない」と答えている者は友人の有無にかかわらず非常に少なく，一般大学群で5.5％，全体では4.7％しかいない。しかし，「かなり受入れたい」と「大いに受入れたい」を合わせた受入れ積極群では友人数で差がみられた。すなわち，受入れ積極群では，友人「なし」が50.2％（416人），「1人」が56.9％（165人），「多数」が81.4％（184人）で，特に「大いに受入れたい」では友人「多数」が

その他の倍以上であり，留学生との良好な関係が受入れへの積極性につながっていると思われる。全体的に日本人学生は留学生の受入れに極めて肯定的であり，留学生の友人がいない者でも過半数が受け入れに肯定的である。

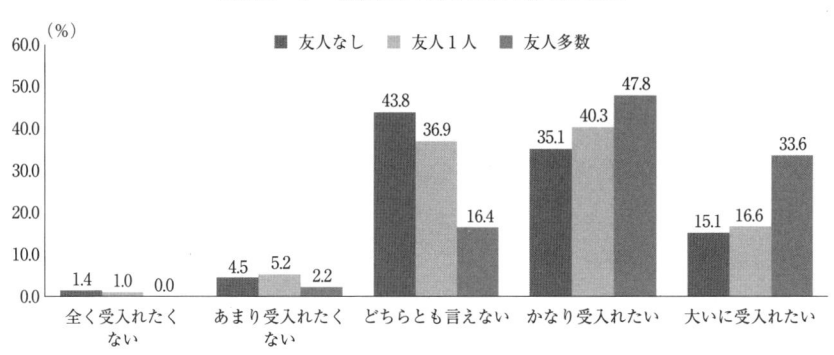

図表8-9　友人数×留学生の受入れ希望

（※棒グラフ：友人なし／友人1人／友人多数）

	友人なし	友人1人	友人多数
全く受入れたくない	1.4	1.0	0.0
あまり受入れたくない	4.5	5.2	2.2
どちらとも言えない	43.8	36.9	16.4
かなり受入れたい	35.1	40.3	47.8
大いに受入れたい	15.1	16.6	33.6

7　友人数と留学生交流プログラムの認知度（図表8-10）

所属大学における留学生との交流プログラムの認知度においても，留学生の友人をもつ者の方がもたない者と比べて高い値を示した。

学内に交流プログラムがあることを「知らない」と回答したのは，「なし」が26.6％（220人），「1人」が17.6％（51人），「多数」2.2％（5人）であった。

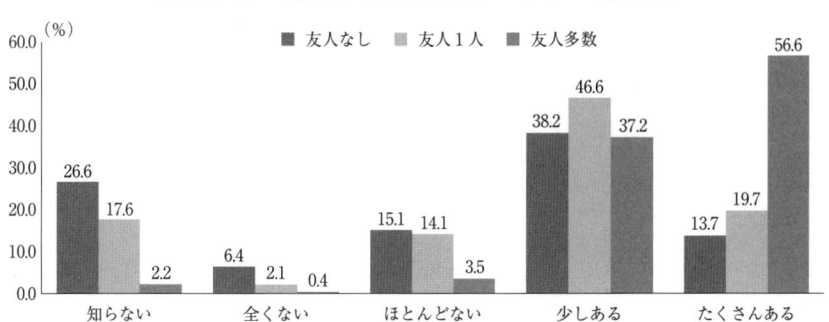

図表8-10　友人数×留学生交流プログラムの認知度

	友人なし	友人1人	友人多数
知らない	26.6	17.6	2.2
全くない	6.4	2.1	0.4
ほとんどない	15.1	14.1	3.5
少しある	38.2	46.6	37.2
たくさんある	13.7	19.7	56.6

留学生の友人をもつ学生の認知度の高さは,留学生との会話から情報を得たり,学生自身が留学生に関する情報にアンテナを張っていたりするからであろう。友人をつくるうえで学内の交流プログラムは重要であり,大学としても,まずは交流プログラムの存在を知らしめる工夫が必要である。

8 まとめ

本節での考察の結果,留学生との友人関係をもつことと国際志向性の高さに強い正の相関が認められた。留学生の友人をもっている学生は自身の海外留学や国際的仕事への関心が強く,留学生の受入れにも肯定的であった。さらに,留学生の友人を数多くもっている学生ほど,より高い国際志向性を示した。日本人学生の国際志向性を育てていくことを目指すならば,日本人学生が留学生との友人関係を築くきっかけを積極的に提供することが有効な方法と考えられる。これによって,日本人学生の国際化はもちろん,留学生にとってもより充実した日本留学になるだろう。

なお,韓国調査でも,上記すべての項目で日本の結果と全く同じ傾向がみられた。このことから,日常的な留学生との国際交流と友人形成が,日本に限らず学生の国際志向性を高めることにつながっていることがわかった。

第3節　留学生受入れ意識の構造(因子分析からの考察)

1　因子構造

日本人学生が留学生の受入れをどのように捉えているのかを把握するために,質問12の30項目に対して因子分析を行った。天井効果が出た項目等を削除し,主因子法(プロマックス回転)を行ったところ,解釈可能な3因子が抽出された(図表8-11)。

第一因子「国際化推進因子」:第一因子は12項目からなり,「グローバルなビジネス・ネットワークを築くきっかけとなる」「地域社会の国際化を推進する

第8章 日本人学生は外国人留学生の受入れをどう捉えているか

図表8-11 留学生受入れ意識の構造（因子分析結果）

	因子	1	2	3
	F1：国際化推進因子（α = .86）			
12(5)	グローバルなどビジネス・ネットワークを築くきっかけとなる	0.744	0.055	-0.205
12(8)	地域社会の国際化を推進する人材となる	0.720	-0.056	-0.161
12(11)	日本の外交戦略上有益な人脈ができる	0.671	0.078	-0.037
12(2)	外国語を学ぶ機会が増える	0.647	0.095	-0.171
12(16)	卒業後には高度国際人材として貴重な労働力になる	0.610	-0.020	0.051
12(19)	世界で日本の印象が良くなる	0.578	-0.056	0.079
12(12)	日本社会にとって経済的な効果がある（外貨獲得や消費による効果）	0.495	0.112	0.171
12(21)	日本の文化を海外に発信する重要な担い手になる	0.489	-0.153	0.100
12(18)	観光産業にプラスになる	0.472	0.051	0.138
12(29)	勤勉な留学生とともに学ぶことで，日本人学生の勉学意欲が高まる	0.444	-0.201	0.143
12(24)	国際的な大学という評価が得られる	0.387	-0.033	0.229
12(25)	日本語の普及に貢献する	0.330	-0.036	0.286
	F2：不安因子（α = .81）			
12(6)	留学生のための奨学金が増え，日本人学生のための奨学金が減ってしまう	-0.030	0.646	0.011
12(13)	学力や日本語力の低い留学生が増えて大学のレベルが下がってしまう	-0.080	0.603	-0.030
12(23)	留学生の就職希望者が増えることで，日本人が就職しにくくなってしまう	0.003	0.594	0.053
12(26)	犯罪が増えるなどの社会的不安が大きくなる	-0.003	0.591	0.020
12(17)	国際理解ばかり重要視されて，日本の文化・伝統が軽視される	-0.015	0.564	-0.039
12(20)	留学生支援のための社会的なコストが増えてしまう	0.003	0.557	0.084
12(4)	異文化間でのトラブルが増えてしまう	0.121	0.521	-0.038
	F3：財政改善因子（α = .63）			
12(27)	授業料収入が得られるなどで，大学にとって経営的にプラスである	-0.105	-0.022	0.697
12(22)	少子化時代に大学が学生数を確保できる	0.016	0.045	0.532
12(30)	日本社会を支える納税者を確保することができる	0.064	0.197	0.434
12(28)	途上国からの留学生を受入れることで先進国としての責任が果たせる	0.168	-0.060	0.427
固有値		4.82	3.21	0.64
回転後の固有値		4.62	3.17	3.23
寄与率(%)		19.28	12.84	2.57
累積寄与率(%)		19.28	32.12	34.69

	F1	F2	F3
F1	—	-0.08	0.54
F2		—	0.31
F3			—

人材となる」など，留学生の受入れによって国際化の推進を期待する項目が多いことから，「国際化推進因子」と命名した。

　第二因子「不安因子」：第二因子は7項目からなり，「留学生のための奨学金が増え，日本人学生のための奨学金が減ってしまう」「学力や日本語力の低い留学生が増えて大学のレベルが下がってしまう」など，留学生の受入れによって生じる問題を指摘する項目が多いことから，「不安因子」と命名した。

　第三因子「経営改善因子」：第三因子は4項目からなり，「授業料収入が得られるなどで，大学にとって経営的にプラスである」「日本社会を支える納税者を確保することができる」など，留学生の受入れが日本の大学や国家の財政面の改善に役立つことを指摘する項目が多いことから，「経営改善因子」と命名した。

　なお，各因子間の相関は国際化推進因子と経営改善因子において.54，不安因子と経営改善因子において.31の相関が認められ，国際化推進因子と不安因子における相関は認められなかった。すなわち，国際化の推進に積極的であるからといって，必ずしも不安が少ないとは限らない。逆の言い方をすれば，不安が高くてもなお国際化に積極的な者がいることを示している。

2　因子分析結果と各カテゴリの関係（図表8-12）

　上記の因子分析の結果，抽出された国際化推進因子，不安因子，財政改善因子の得点が性別，学年，所属大学，文系/理系，友人無/友人多数，友人1名/友人多数，海外経験有無で異なるかどうかを検討した。

　なお，ここでは，これまで国際化推進大学としてまとめていた立命館アジア太平洋大学（APU）と明治大学国際日本学部（国日）を分けて，その他の一般大学と比較検討している。

(1)　国際化推進因子と他のカテゴリの関係

　国際化推進因子と他のカテゴリとの関係は次の通りである。性別による違いでは，女性が男性よりこの因子を多くもっていた。所属大学による違いでは，

第8章　日本人学生は外国人留学生の受入れをどう捉えているか

APU，国日，一般大学の順に高かった。海外経験の有無では，経験「あり」が「なし」より高かった。留学生の友人数による違いでは，友人「多数」が最も高く，次に「1名」，その次に「なし」で，友人数が多いほど国際化推進因子が高かった。

(2)　不安因子と他のカテゴリの関係

　不安因子と他のカテゴリとの関係は次の通りである。性別による違いでは，上記の国際化推進因子とは逆に，男性が女性よりも不安因子を多くもっていた。所属大学による違いでは，国際化推進因子を最も多くもつ APU が不安因子においても最も高い値を示していたことは注目すべき結果であった。すなわち，APU の学生は日常の留学生との関わりなどから国際化のたいへんな面を認識しつつも，それでもなお国際化の推進に賛成していると考えられる。次は一般大学で，国日が最も不安因子が低かった。文系と理系による違いでは，文系の方が理系よりも不安因子が高かった。海外経験の有無では，経験「なし」が「あり」より高かった。留学生の友人数による違いでは，友人「なし」が最も高く，次いで「多数」，次に友人「1名」と続いたことも興味深い。留学生の友人をもたない者が留学生受入れに対して不安因子をもつことは容易に納得できる。だが，留学生の友人が多いほど不安因子が減るというわけではなく，友人が多い者に不安が高く，友人が1名の者が最も不安因子が低かった。友人が1名だと個別の事例であり，そこから留学生全体の受入れ不安は見えてこないのかもしれない。

(3)　財政改善因子と他のカテゴリの関係

　財政改善因子については次の通りである。性別による違いでは，男性が女性よりも高かった。学年による違いでは，学年が下がるにつれて減少していた。所属大学による違いでは，国日が最も高く，一般大学と APU がほぼ同値でそれに続いた。文系と理系による違いでは，文系が理系より高かった。

第2部 「日本人学生の国際志向性と外国人留学生受入れ観」調査

図表8-12 因子分析結果と各カテゴリの関係

性別の比較					
	性別カテゴリ	N	平均値	標準偏差	t検定
国際化推進因子	男性	914	3.53	.67	$t(1826)=6.7, p<.001$
	女性	1082	3.72	.58	
不安因子	男性	914	2.81	.72	$t(1880)=5.4, p<.001$
	女性	1082	2.64	.67	
財政改善因子	男性	912	3.24	.69	$t(1990)=2.42, p<.05$
	女性	1080	3.17	.68	
学年の比較					
	学年カテゴリ	N	平均値	標準偏差	分析結果
国際化推進因子	1年生	693	3.66	.63	
	2年生	674	3.63	.62	
	3年生	449	3.60	.64	
	4年生	156	3.56	.66	
不安因子	1年生	693	2.70	.67	
	2年生	674	2.71	.69	
	3年生	449	2.74	.72	
	4年生	156	2.79	.79	
財政改善因子	1年生	693	3.15[a]	.67	$F(3, 1968)=4.33, p<.005$
	2年生	674	3.18[a]	.69	
	3年生	449	3.27[b]	.70	
	4年生	156	3.31[b]	.67	
所属大学の比較 (明治大学国際日本学部(国日)・立命館アジア太平洋大学(APU)・一般大学)					
	所属カテゴリ	N	平均値	標準偏差	分析結果
国際化推進因子	APU	89	4.13[a]	0.47	$F(2, 1992)=38.76, p<.001$
	国日	300	3.75[b]	0.62	
	一般大学	1604	3.58[c]	0.63	
不安因子	APU	89	2.91[a]	0.69	$F(2, 1992)=4.21, p<.05$
	国日	300	2.67[b]	0.71	
	一般大学	1604	2.72[b]	0.69	
財政改善因子	APU	89	3.16	0.64	$F(2, 1992)=5.1, p<.01$
	国日	300	3.32[a]	0.75	
	一般大学	1604	3.18[b]	0.68	

第8章 日本人学生は外国人留学生の受入れをどう捉えているか

文系/理系の比較					
	カテゴリ	N	平均値	標準偏差	t検定
国際化推進因子	文系	1750	3.63	.63	
	理系	245	3.61	.65	
不安因子	文系	1750	2.73	.70	$t(1993)=1.85, p<.10$
	理系	245	2.64	.67	
財政改善因子	文系	1746	3.22	.69	$t(1989)=2.72, p<.01$
	理系	245	3.09	.68	
海外経験有無の比較					
	カテゴリ	N	平均値	標準偏差	t検定
国際化推進因子	ある	1251	3.69	.64	$t(1992)=5.96, <.001$
	ない	743	3.52	.60	
不安因子	ある	1251	2.69	.71	$t(1992)=2.56, p<.01$
	ない	743	2.77	.67	
財政改善因子	ある	1248	3.21	.71	
	ない	742	3.19	.65	
留学生の友人がいない学生と多数いる学生の比較					
	友人数カテゴリ	N	平均値	標準偏差	t検定
国際化推進因子	なし	852	3.52	.64	$t(1080)=9.00, p<.001$
	多数	230	3.94	.64	
不安因子	なし	852	2.79	.68	
	多数	230	2.73	.69	
財政改善因子	なし	851	3.20	.69	
	多数	229	3.28	.75	
留学生の友人が1人の学生と多数いる学生の比較					
	友人数カテゴリ	N	平均値	標準偏差	t検定
国際化推進因子	1人	296	3.62	.61	$t(524)=5.97, p<.001$
	多数	230	3.94	.64	
不安因子	1人	296	2.64	.74	
	多数	230	2.73	.69	
財政改善因子	1人	295	3.17	.65	$t(450)=1.66, p<.10$
	多数	229	3.28	.75	

3　韓国調査との比較

　日本調査と韓国調査はかなり類似した結果となったが，以下の点で相違もみられた。第一に，韓国調査の因子分析結果は2因子構造となった。それぞれ日本調査の「国際化推進因子」と「不安因子」に相当するものであり，財政改善因子は分かれず，国際化推進因子の中に取り込まれる形となっていた。日本調査でもこの2つの因子には相関が認められた。

　カテゴリ別の結果は，国際化推進因子において日本調査では女性が高かったが，韓国調査では性差が見られなかった。海外経験や留学生の友人をもつ学生がもたない学生に比べて国際化推進因子が高い点は日本調査と同様であった。

第4節　留学生の受入れに積極的な人・消極的な人

1　海外への関心指標に影響を及ぼす要因の分析 (図表8-13)

　海外への関心指標（「留学生への関心」，「海外留学への関心」，「国際的な仕事への関心」）を被説明変数とする重回帰分析を行った。説明変数には性別，文系/理系，海外経験の有無，留学生友人の有無，学年に加えて，国際化推進因子，不安因子，経営改善因子，留学生事情の認知度の連続変量を投入し，ステップワイズ法を行った。推計された回帰モデルおよび主な指標は下表（図表8-13）の通りである。

　その結果，文系/理系，海外経験の有無，留学生友人の有無，国際化推進因子，不安因子，留学生事情の認知度，3年生か否かが説明変数として有意であった。回帰式は有意で（$F(7, 1934) = 113.55$，$p < .001$），その説明率は$R_2 = .290$であった。解釈可能なところでは，留学生や自分自身の留学，国際的な仕事といった海外に関心のある学生とは，国際化の推進に肯定的であり，留学生事情を知っており，海外経験があり，留学生の友人がおり，国際化に対する不安が少ない人物像が考えられる。性別では，女性が男性よりも国際的であると

考えられたが，性別の直接的な影響ではなく，女性に国際化推進因子をもつなどの要素が多かったことによる結果と思われる。

図表8-13　海外への関心指標に影響を及ぼす要因の重回帰分析

変　　数	係　　数	標準誤差	t検定
国際化推進因子	0.468	0.034	13.96**
留学生事情伝聞	0.226	0.020	11.24**
海外経験有無	0.169	0.022	7.80**
友人有無	0.157	0.022	7.26**
学年（3年か否か）	0.216	0.044	4.86**
不安因子	-0.122	0.030	4.09**
文系/理系	-0.085	0.021	4.03**
定数項	1.278	0.152	8.41**

n = 1992, R^2 = .290

除外された変数：性別，学年（1年，2年，4年），経営改善因子
**p＜.01

$y = 1.278 + 0.468x_1 + 0.226x_2 + 0.169x_3 + 0.157x_4 + 0.216x_5 - 0.122x_6 - 0.085x_7$
y：海外への関心　x_1：国際化推進因子　x_2：事情伝聞　x_3：海外経験有無　x_4：友人有無　x_4：学年（3年か否か）　x_4：不安因子　x_4：文系/理系

2　留学生受入れへの態度に影響を及ぼす要因の分析（図表8-14）

質問15の留学生受入れに対する態度を被説明変数とする重回帰分析を行った。説明変数には性別，文系/理系，海外経験の有無，留学生友人の有無，海外への関心，国際化推進因子，不安因子，経営改善因子，留学生事情伝聞の程度を投入し，ステップワイズ法を行った。推計された回帰モデルおよび主な指標は下表（図表8-14）のとおりである。その結果，海外への関心指標，不安因子，国際化推進因子，留学生事情伝聞が有意な説明変数であった。回帰式も有意であった（$F(4, 1931) = 270.84$, $p < .001$）。不安因子の回帰係数は負の値であり，不安が高いほど留学生受入れ態度が消極的になっていた。つまり，留学生受入れに積極的な学生とは，国際化の推進に肯定的であり，国際化に対する不安が少なく，海外への関心があり，留学生事情を知っているという人物像と考えら

れる。性別や留学生の友人の有無,海外経験の有無といった要素は,直接的な要因ではなく,国際化推進因子を通して留学生の受入れを促進する要素となっていると思われる。

図表8-14　留学生受入れへの態度に影響を及ぼす要因の重回帰分析

変　数	係　数	標準誤差	t
海外への関心	0.236	0.016	14.43**
不安因子	-0.367	0.022	16.46**
国際化推進因子	0.367	0.026	13.96**
留学生事情伝聞	0.039	0.015	2.53*
定数	2.423	0.113	21.45**
n = 1937, R^2 = .358			
除外された変数：性別，文系/理系，海外経験の有無，留学生友人の有無，経営改善因子 **p < .01, *p < .05			
$y = 2.423 + 0.236x_1 - 0.367x_2 + 0.367x_3 + 0.039x_4$ y：留学生受け入れ　x_1：海外への関心　x_2：不安　x_3：国際化　x_4：事情伝聞			

あとがき

　グローバル化が急速に進展し，今や世界の留学生数は430万人に達している。その増加の速度は，2025年に720万人に達すると予測したオーストラリアIDPの初期の予測（途中で下方修正したのだが……）を超えるほどの勢いである。学生の国を超えた移動は，受入れ国と送出し国のグローバル人材育成への意識の高さと相互の国際関係如何によって活性化もされ，停滞もするが，今では以前のように受入れ国と送出し国が固定化されているわけではない。すなわち，途上国から先進国へといった一方的なベクトルで動くのではなく，将来の市場，政治，外交などを見越した極めて戦略的なビジョンに影響されて双方向のベクトルで動いている。受入れと送出しの両側から留学生政策を立案し効果的に実現することは，将来の国の浮沈にかかわる重要な課題となっている。

　本書の編集を開始した当初は，留学生受入れ30万人計画を日本人学生の側から検証することを主な目的としていた。しかしこの間，東北を襲った大震災と原発事故，そして日中，日韓の領土問題などが起こり，日本における留学生の受入れと日本人学生の海外留学に大きな影響を与えることになった。日本語学校への申請では，中国と韓国からの留学生は激減し，替わりにアセアン，特にベトナムからの留学生（日本語学校生）が激増している。中国からの留学生とベトナムからの留学生がほぼ同数になるなどということは予想だにしない事態であり，その原因はまだ掴めていない。この影響は，彼らが日本語学校を卒業する数年後に大学にも現れる。留学生の出身国・地域が多様になることは一般的には望ましいことであるが，その原因は日本の留学生受入れ政策の改善によって意図的に起こったことではない。本書第1部第1章で，芦沢はG30の施策を評価しつつも，依然として大学の中では「出島」の対応が続いていると述べている。

あとがき

　本書はこのように，日本の留学生受入れの大転換期に執筆されたものであるが，日本は暗中模索などと悠長にいっていられない。激烈な世界のグローバル人材争奪戦の渦中にあることを真摯に認識して，大学国際化の基底となる理念をもう一度明確にし，それに基づいて抜本的な改革を断行する必要があると思われる。

　一方，日本人学生の送出し圧力は少なくとも政府や大学の側からは一挙に活性化してきた。経済界も，依然として就職システムの改革までは至っていないものの，少なくとも大企業のトップはグローバル人材の育成が将来の日本経済の最重要課題であるとの認識を共有している。学生の側から見ても，本書第1部第3章で論じているように，日本人学生の内向き志向は日本人学生が全体として一様に内向きになっているのではなく，二極化しているように見える。この点，第2部の調査結果も二極化の傾向を示している。しかし，この調査によれば，比較的規模の大きな大学のサンプルで見る限り，二極が半分ずつにきれいに分かれているというよりは，全体に国際志向のある学生が多いといえる結果であった。ただ，留学ということになると，確かにさまざまな社会的，経済的条件が壁となり，その意欲を実現に結びつけることは難しく，意欲そのものも大学の年次が増えるとともに減退していく姿が見えた。

　それでは，このような二極化はなぜ起こってきたのだろうか。これは英語であるとか留学であるとかのハードルを突きつけられた結果，そのハードルを越えた勝ち組と，越えられなかった負け組に分かれてきた結果なのだろうか。それともそれは単に志向の問題であり，ある種のバランスの結果なのだろうか。全員が国際志向になるということも考えられないとすれば，二極化ではなくて正規分布になる方が自然であるとも考えられる。しかし，現在は世界的に国際化の波，流れが押し寄せてきており，それに乗ってしまえばどんどんと国際化の方向に進んでいくことになるのだろう。乗らなければ，あるいは乗れなければ逆に国際化から遠ざかることになる。一方で，何をもって国際人かという点からみれば，英語など全くできなくても，外国人であろうが日本人だろうが，

あとがき

誰でも穏やかに笑顔で受け入れてくれる田舎のおばあちゃんのような人も立派な国際人であるという見方もできる。多様性を認め，受入れられるといった基本的なところで考えるならば，英語や留学経験で「国際」性を判定する前に，異文化間教育のようなカリキュラムで国内的な多様性にも目を向け，「文化際」性を培うことが必要なのかもしれない。このようなより裾野の広い基盤的な異文化間教育を小学校低学年から提供していくことが，「国際」だけを意識させて勝ち組と負け組をつくってしまうことから脱却していく道かもしれない。これが日本の教育に決定的に欠けているように思われる。

さて，海外を見ても，これまで如何に優秀な留学生を数多く獲得するかを考えてきた先進諸国に変化が生じている。日本だけでなく，これまでもっぱら受入れにのみ力を入れてきたオーストラリアや米国も学生の送出しを本格的に開始し始めた。これらの国々も，学生がなかなか外に出ようとしないので苦労しているが，時代は大きく変化し始めている。米国については本書第1部第4章に示されているが，オバマ政権の中で中国などアジアへの大量送出しが展開するかもしれない。ここで日本と米国との学生交流が中国，韓国をはじめアセアン諸国などにも遅れをとることになると，将来を担うグローバル人材の世界的な人脈が弱体化し，長期にわたる多方面の影響を免れない。

韓国は，留学生の受入れでは日本との類似性が高かったことから，日本をつぶさに研究しながら留学政策を策定してきた。しかし，ここ10年，徹底的な英語政策と派遣の後押しで独自の道を切り開いている。第1部第5章で述べるように，韓国の大学国際化のスピードは日本を遥かにしのぐ。第2部の調査報告でも，韓国の学生の国際志向性は全体的に日本を上回って高い。特に男性と女性にほとんど差が見られない点は日本と大きく異なる。日本においては，第1部第2章で提案しているように，企業を含めて社会全体が留学の意義を認め，就職にもその経験がきちんと評価されるようなシステムを構築しないと，大学生は留学にリスクを感じ，どうしても及び腰になる。日本には世界に冠たる研

あとがき

究・教育上の売り物があるのだが，どうも産官学の協力で一貫性をもってそれが打ち出せていないために，世界の若者へのアピール力に欠け，世界に出ていく踏み出し力も弱い。それぞれのトップのリーダーシップによるイノベーティヴな連携がもっと必要なのではないだろうか。

　本書は，現場や学生の目線から，グローバル人材の獲得と育成における大学の現状と役割を他国とも比較する形で分析した。学生モビリティの世界的大転換期は日本の将来を担う人材育成の正念場であり，本書がそのあり方を検討するうえで，多少とも貢献できるなら幸いである。

　最後に，本書第2部の調査には，日本と韓国の大学の多くの教職員と学生の方々にご協力をいただいた。この場を借りて深く感謝申し上げたい。また，予定を大幅に遅れての出版となったが，辛抱強く励まして下さった学文社の田中千津子社長に心より感謝申し上げる。

2013年7月1日

　　　　　　　　　　　　　　　　　　　　　　　　横田雅弘・小林　明

Appendix　調査票

留学生受入れに関する大学生アンケート

　このアンケートは、日本の大学が留学生を受入れることについて、日本の大学生(日本人学生と留学生)がどのように考えているかを調べることを目的とした意識調査です。

　これまで、日本の留学生受入れ体制について、大学生の視点からの調査がほとんどありませんでした。しかし、大学の重要な構成員である学生の意識は、留学生受入れにとってたいへん重要な情報であると考えます。そこで、明治大学国際日本学部の横田ゼミナールでは、このアンケート調査とヒアリング調査の結果を報告書としてまとめ、文部科学省をはじめ、関係諸機関に提出する予定です。

　これまで留学生と一度も話したことのない方も多いと思いますが、現在のイメージでお答えください。

　無記名の調査で、個人名が出ることはありません。報告書については、HP（http://www.kisc.meiji.ac.jp/~yokotam/）に掲載します。

　　　　　　　　　ご協力のほど、どうぞよろしくお願い致します。

* この調査についてご質問などございましたら、下記にお問い合わせください。
ご質問受付のメールアドレス　　foreign.student.policy@gmail.com
明治大学国際日本学部　　担当学生：竹田理貴　（たけだ　りき）
　　　　　　　　　　　　担当教員：横田雅弘　（よこた　まさひろ）

留学生受入れに関する大学生アンケート

A. あなたご自身についてお答えください。

1. 性別（　男　・　女　）
2. 所属（＿＿＿＿＿＿＿＿＿＿＿大学・大学院　＿＿＿＿＿＿＿＿＿＿＿学部・研究科）
3. 学年（学部1年、2年、3年、4年　／　修士1年、2年　／　博士1年、2年、3年以上　／　その他）
4. あなたは日本人学生／留学生／在日・定住外国人等ですか。
　①　日本人学生
　②　留学生（出身国は？　　中国、　韓国、　台湾、　オセアニア、　その他アジア、　欧米、　その他）
　③　在日・定住外国人等
5. あなたは英語・日本語・母語以外に学んだ（学んでいる）言語がありますか（複数選択可）。
　①中国語　　②韓国語　　③フランス語　　④ドイツ語　　⑤スペイン語
　⑥その他（具体的に＿＿＿＿＿＿＿＿＿＿＿語）　⑦なし
6. 留学生の友人(知合い)はいますか(回答者が留学生の場合、日本人の友人を対象として回答してください)。
　(1)　①いない　　②1人　　③2～5人　　④6～9人　　⑤10人以上
　　　②～⑤友人がいる方（①以外の方）は下の(2)にもご回答下さい。
　(2)　その中で、最も親しい友人との関係はどの程度ですか。その程度について以下の五段階で当てはまる番号に○をつけてください。
　　　　　あいさつ程度　←　　1-----2-----3-----4-----5　　→　非常に親しい(親友・恋人)
7. あなたは、現在の日本の外国人留学生受入れ数はどの程度だと思いますか
　①1万人未満　　②1～3万人　　③3～5万人　　④5～10万人　　⑤10～15万人
　⑥15～20万人　　⑦20～30万人　　⑧30万人以上

日本人学生のみ、上記の項目だけでなく、以下の8-11の質問にも回答してください。
留学生は、次ページ12の質問へ移動してください。

8. 海外に行ったことがありますか。
　①ある　　　　②ない
　↳「①ある」方は下の(1)～(3)にもお答えください。
　(1) 目的（複数選択可）：　　①旅行　　②留学・研修　　③親の事情（帰国子女）　　④その他
　(2) 滞在期間（総滞在期間）：①2週間未満　　②2週間～1ヶ月　　③1ヶ月～6ヶ月
　　　　　　　　　　　　　　④6ヶ月～1年　　⑤1年～2年　　⑥2年以上
　(3) 国・地域（複数選択可）：①中国　　②韓国　　③その他のアジア　　④オセアニア
　　　　　　　　　　　　　　⑤北米　　⑥南米　　⑦ヨーロッパ　　⑧アフリカ　　⑨その他
9. あなたは、どの程度留学生に関心がありますか。
　①全く関心がない　②あまり関心がない　③どちらとも言えない　④少し関心がある　⑤非常に関心がある
10. あなたは、どの程度海外留学に行きたいですか。
　①全く行きたくない　②あまり行きたくない　③どちらとも言えない　④少し行きたい　⑤非常に行きたい
11. あなたは、どの程度国際的な仕事（外国と関わりのある仕事）をすることに関心がありますか。
　①全く関心がない　②あまり関心がない　③どちらとも言えない　④少し関心がある　⑤非常に関心がある

留学生受入れに関する大学生アンケート

B. 留学生受入れについてあなたのご意見をお聞かせください。

12. 日本の大学が留学生を受入れることの効果あるいは影響として、あなたは下記の事項がどの程度当てはまると思いますか。以下の1〜5から該当すると思うものに〇をつけて下さい。

1. 全く当てはまらない　2. あまり当てはまらない　3. どちらとも言えない　4. 少し当てはまる　5. とても当てはまる

留学生受入れの効果・影響として、

(1) 日本の大学の国際化が進む	1---2---3---4---5
(2) 外国語を学ぶ機会が増える	1---2---3---4---5
(3) 留学生はアルバイターとして日本に必要な労働力となる	1---2---3---4---5
(4) 異文化間でのトラブルが増えてしまう	1---2---3---4---5
(5) グローバルなビジネス・ネットワークを築くきっかけとなる	1---2---3---4---5
(6) 留学生のための奨学金が増え、日本人学生のための奨学金が減ってしまう	1---2---3---4---5
(7) 外国の社会・文化についての生きた知識・情報が得られる	1---2---3---4---5
(8) 地域社会の国際化を推進する人材となる	1---2---3---4---5
(9) 留学生が増えることで、学生定員の関係から、日本人学生が大学に入学（合格）しづらくなってしまう	1---2---3---4---5
(10) 授業等で多様な意見が出ておもしろい	1---2---3---4---5
(11) 日本の外交戦略上有益な人脈ができる	1---2---3---4---5
(12) 日本社会にとって経済的な効果がある（外貨獲得や消費による効果）	1---2---3---4---5
(13) 学力や日本語力の低い留学生が増えて大学のレベルが下がってしまう	1---2---3---4---5
(14) 日本人学生の海外への関心が高まる	1---2---3---4---5
(15) 留学生と友達になる機会が増える	1---2---3---4---5
(16) 卒業後には高度国際人材として貴重な労働力になる	1---2---3---4---5
(17) 国際理解ばかり重要視されて、日本の文化・伝統が軽視される	1---2---3---4---5
(18) 観光産業にプラスになる	1---2---3---4---5
(19) 国際的な研究がしやすくなり、日本の研究レベルが上がる	1---2---3---4---5
(20) 留学生支援のための社会的なコストが増えてしまう	1---2---3---4---5
(21) 日本の文化を海外に発信する重要な担い手になる	1---2---3---4---5
(22) 少子化時代に大学が学生数を確保できる	1---2---3---4---5
(23) 留学生の就職希望者が増えることで、日本人が就職しにくくなってしまう	1---2---3---4---5
(24) 国際的な大学という評価が得られる	1---2---3---4---5
(25) 日本語の普及に貢献する	1---2---3---4---5
(26) 犯罪が増えるなどの社会的不安が大きくなる	1---2---3---4---5
(27) 授業料収入が得られるなどで、大学にとって経営的にプラスである	1---2---3---4---5
(28) 途上国からの留学生を受入れることで先進国としての責任が果たせる	1---2---3---4---5
(29) 勤勉な留学生とともに学ぶことで、日本人学生の勉学意欲が高まる	1---2---3---4---5
(30) 日本社会を支える納税者を確保することができる	1---2---3---4---5

留学生受入れに関する大学生アンケート

13. あなたは日本の留学生事情について、どの程度（新聞・テレビ・授業・本・パンフレット等で）聞いたことがありますか。
    ①全くない　　②ほとんどない　　③どちらとも言えない　　④少しある　　⑤よくある

14. あなたの大学には、留学生と交流するための機会（制度・プログラム・場所等）はどの程度ありますか。
    ①全くない　　②ほとんどない　　③少しある　　④たくさんある　　⑤それについて知らない

15. あなたは日本社会に、どの程度留学生を受け入れるのがよいと思いますか。
    ①全く受入れたくない　②あまり受入れたくない　③どちらとも言えない　④かなり受入れたい　⑤大いに受入れたい

留学生の受入れについて、ご意見等ございましたら下記に記述してください。

_____
_____
_____
_____
_____
_____
_____
_____

　　　　　　　　　　　ご協力ありがとうございました。心より感謝いたします。

　もしも、この調査に関してさらに詳しくお伺いすることにご協力いただける場合には、ここにお名前とメールアドレスをご記入ください。そうでない場合には記入の必要はありません。

お名前 _____　　メールアドレス _____

索　引

100,000 Strong China　109
100,000 Strong in the America　109
Brain Korea 21　126
BRICs　126
CAMPUS Asia　130
Campus Asia　137
CHEERS　28
Comprehensive Internationalization　31
EducationUSA センター　101
ENIC　30
EU-ICI　137
FCE　30

Global Korea Scholarship（GKS）　130, 137-139
NAFSA　95
NARIC　30
Pell Grant 給付金　112
REAC　102
SAGE　28
Songdo Global University Campus　132
Study Korea 2020 Project 推進計画（2013～2020）　138
Study Korea Project　125-127, 140, 141
World-Class University 育成事業　126

あ行

アジア・ゲートウェイ戦略会議　18
移民政策の変遷　101
内向き志向　157
閲覧レベル（Reference）　102

か行

海外留学の阻害要因　72
外国人留学生支援・管理改善方案　128, 129
外国人留学生誘致拡大総合方案　123
外国人留学生誘致・管理先進化法案　133
外国人留学生誘致・管理力量認証制　133, 134, 135, 137, 139, 140
学事運営不良大学　127
ガラパゴス化　88
考え抜く力　68
韓国教育院　137
韓国国際教育振興院　138, 139
韓国語能力検定（TOPIK）　128, 137, 139
韓国文化院　137
韓国留学総合支援システム　129, 132
韓国留学総合システム　137, 138, 139
管理不良大学　127
教育改革協議会　137
教育省　97

教育の輸入額　124
教育文化局　101
教育貿易収支の赤字改善　125
教職協働　4
教育の輸出額　124
ギルマン奨学金　112
勤労者世帯の可処分所得　79
グローバル教育サービス活性化法案　139
グローバル教育サービス活性化法案　131
グローバル交流センター　138
グローバル30（G30事業）　20
グローバル人材　67
グローバル人材育成委員会　161
グローバル人財育成推進事業　22, 75
研究員プログラム　106
憲法第1条　96
高等教育進学率　72
語学堂　122, 128
国際化拠点専門大学育成事業（Global Hub College）　144
国際教育の推進に関する決議　97
国際フルブライト科学技術奨学金　105
国費外国人留学生招致制度　17
国務省　97
国家ブランド委員会　130
Korea-ASEAN CyberUniversity　132, 137

索　引

コロンボ・プラン　141
コンフォート・ゾーン　85,86

さ 行

サイモン留学基金法案　115
G30事業　23,24
社会人基礎力　68
ジャーナリストプログラム　106
重要外国語学習奨学金プログラム　111
収容量　71
出身国別の留学生数　100
ジョイント・ディグリー　74,89
少子化　71
新成長戦略実現会議　6
スマート・パワー　114
世界の留学生数　68
世帯の平均年間所得　79
総合レベル（Comprehensive）　102
ソフト・パワー　114

た 行

大学院の内向き化　77
大学国際戦略本部強化事業　19
大学数　71
大学全入時代　71
大学の世界展開力強化事業　75
ダブル・ディグリー　74,89
単位互換制度　73
チームで働く力　68
定員割れ　89
出島　2,24,31,32

な 行

二国間プログラム　106
21世紀韓国大学の国際化のための
新プロジェクト　126
日本人の海外留学者数　68

は 行

ハード・パワー　113
東アジアの教育ハブ　126
ピースコア　111
標準レベル（Standard）　102
フルコスト政策　7,15
フルブライター　105
フルブライト英語教育助手プログラム
　111
フルブライト音楽奨学金　110
フルブライト外国語教員支援プログラム
　105
フルブライト教育交流計画　104
フルブライト公共政策奨学金　110
フルブライト米国人学生プログラム　110
米国のプル要因　101

ま 行

前に踏み出す力　68
モンテ・カシム（monte CASSIM）　4

や 行

ユニバーサル化　125,141

ら 行

ラクダ（ツインピークス）　6
立命館アジア太平洋大学（Ritsumeikan Asia Pacific University）　4
留学生受入れ先進国　98
留学生30万人計画　18
留学生10万人計画　2,17
リンカーン留学助成法案　114

編者略歴

横田　雅弘（よこた　まさひろ）
現　職：明治大学国際日本学部教授，明治大学国際教育センター長，明治大学国際教育研究所長
上智大学卒。ハーバード大学教育学大学院修士課程修了。学術博士（東京学芸大学）
一橋大学商学部講師，同留学生センター教授を経て，2008年より現職。2001年より9年間JAFSA（国際教育交流協議会）副会長。2009～2013年異文化間教育学会会長，2010年より留学生教育学会理事。専門は留学生アドバイジング・カウンセリング，留学生政策論，異文化間教育学。主著：横田雅弘・白土悟『留学生アドバイジング～学習・生活・心理をいかに支援するか～』ナカニシヤ出版，2004，林大樹・横田雅弘監修・著『学生まちづくらーの奇跡』学文社，2012。

小林　明（こばやし・あきら）
現　職：明治大学国際日本学部特任教授
ミネソタ大学大学院修士課程修了。亜細亜大学で25年間，国際教育交流に従事。2002年㈲国際教育企画を設立し，2010年より米国国務省指定EducationUSAのアドバイザーとして米国留学を支援。現在，JAFSA（国際教育交流協議会）副会長。専門は国際教育交流論，留学相談。主要論文：「半年間留学プログラムが参加者に与えた影響に関する調査」『留学交流』日本学生支援機構，2013，「交換留学生の居住形態による生活環境適応の分析－ホームステイと国際交流会館の比較－」『明治大学国際日本学研究』2012

大学の国際化と日本人学生の国際志向性

2013年10月15日　第一版第一刷発行

編著者　横　田　雅　弘
　　　　小　林　　　明
発行所　株式会社　学　文　社
発行者　田　中　千津子

〒153-0064　東京都目黒区下目黒3-6-1
電話(03)3715-1501(代表)　振替 00130-9-98842
http://www.gakubunsha.com

印刷／東光整版印刷㈱
＜検印省略＞

落丁，乱丁本は，本社にてお取り替え致します。
定価は，売上カード，カバーに表示してあります。

ISBN 978-4-7620-2395-8

© 2013 YOKOTA Masahiro & KOBAYASHI Akira　Printed in Japan